应用技术型高校汽车类专业规划教材

Qiche Fuwu Gongcheng Daolun
汽车服务工程导论

王林超　主　编
赵长利　徐　刚　副主编
吴际璋　主　审

人民交通出版社股份有限公司
China Communications Press Co.,Ltd.

内容提要

《汽车服务工程导论》是普通高等学校汽车服务工程专业学生的入门教材，以指导低年级学生了解汽车服务工程专业与行业，尽快适应高校的学习，建立对汽车服务工程专业的情感和责任心，为今后的专业学习打下良好的基础。

本书是应用技术型高校汽车类专业规划教材，全书共分为六章，分别是绪论、汽车结构知识、汽车服务与汽车服务企业、典型汽车服务介绍、汽车服务工程专业知识与课程体系、大学生活与未来发展。

本书可供汽车服务工程专业学生使用，还可供其他专业学生、汽车爱好者参考阅读。

图书在版编目(CIP)数据

汽车服务工程导论／王林超主编. —北京：人民交通出版社股份有限公司，2014.9
应用技术型高校汽车类专业规划教材
ISBN 978-7-114-11693-3

Ⅰ.①汽…　Ⅱ.①王…　Ⅲ.①汽车工业—销售管理—商业服务—高等学校—教材　Ⅳ.①F407.471.5

中国版本图书馆CIP数据核字(2014)第209987号

应用技术型高校汽车类专业规划教材

书　　名：	汽车服务工程导论
著 作 者：	王林超
责任编辑：	夏　犨　郭　跃
出版发行：	人民交通出版社股份有限公司
地　　址：	(100011) 北京市朝阳区安定门外外馆斜街3号
网　　址：	http://www.ccpress.com.cn
销售电话：	(010) 59757973
总 经 销：	人民交通出版社股份有限公司发行部
经　　销：	各地新华书店
印　　刷：	北京市密东印刷有限公司
开　　本：	787×1092　1/16
印　　张：	10.75
字　　数：	248千
版　　次：	2014年9月　第1版
印　　次：	2019年6月　第4次印刷
书　　号：	ISBN 978-7-114-11693-3
定　　价：	25.00元

(有印刷、装订质量问题的图书由本公司负责调换)

应用技术型高校汽车类专业规划教材编委会

主　任
　　于明进(山东交通学院)

副主任(按姓名拼音顺序)
　　陈黎卿(安徽农业大学)　　　　　　陈庆樟(常熟理工学院)
　　关志伟(天津职业技术师范大学)　　何　仁(江苏大学)
　　唐　岚(西华大学)　　　　　　　　于春鹏(黑龙江工程学院)

委　员(按姓名拼音顺序)
　　曹金梅(河南科技大学)　　　　　　慈勤蓬(山东交通学院)
　　邓宝清(吉林大学珠海学院)　　　　邓　涛(重庆交通大学)
　　付百学(黑龙江工程学院)　　　　　姜顺明(江苏大学)
　　李　斌(人民交通出版社股份有限公司)　李学智(常熟理工学院)
　　李耀平(昆明理工大学)　　　　　　廖抒华(广西科技大学)
　　柳　波(中南大学)　　　　　　　　石传龙(天津职业技术师范大学)
　　石美玉(黑龙江工程学院)　　　　　宋长森(北京理工大学珠海学院)
　　宋年秀(青岛理工大学)　　　　　　谭金会(西华大学)
　　尤明福(天津职业技术师范大学)　　王慧君(山东交通学院)
　　王良模(南京理工大学)　　　　　　王林超(山东交通学院)
　　吴　刚(江西科技学院)　　　　　　吴小平(南京理工大学紫金学院)
　　谢金法(河南科技大学)　　　　　　徐　斌(河南科技大学)
　　徐立友(河南科技大学)　　　　　　徐胜云(北京化工大学北方学院)
　　杨　敏(南京理工大学紫金学院)　　衣　红(中南大学)
　　赵长利(山东交通学院)　　　　　　赵　伟(河南科技大学)
　　周　靖(北京理工大学珠海学院)　　訾　琨(宁波工程学院)

秘　书
　　夏　韡(人民交通出版社股份有限公司)

前言 FOREWORD

当前，随着汽车行业的快速发展，汽车人才需求激增，无论是汽车制造企业对于汽车研发、汽车制造人才的大量需求还是汽车后市场对于汽车服务型人才的大量需求，这些都需要高校不断地输送相关人才。而目前，我国高等教育所培养的大部分人才还是以理论知识学习为主，缺乏实践动手能力，在进入企业一线工作时，往往高不成低不就，一方面企业会抱怨招不到合适的人才，另一方面毕业生们又抱怨没有合适的工作可找，主要问题就在于人才培养模式没有跟上社会发展实际需求。

《国家中长期教育改革和发展规划纲要(2010—2020年)》中明确指出，要提高人才培养质量，重点扩大应用型、复合型、技能型人才培养规模。培养理论和实操兼具的人才，使之去企业到岗直接上手或稍加培养即可适应岗位。2014年2月26日，李克强总理在谈到教育问题时指出要建立学分积累和转换制度，打通从中职、专科、本科到研究生的上升通道，引导一批普通本科高校向应用技术型高校转型。可见国家对于应用型技术人才的培养力度将持续加大。

教材建设是高校教学和人才培养的重要组成部分，作为知识载体的教材则体现了教学内容和教学要求，不仅是教学的基本工具，更是提高教学质量的重要保证。但目前国内多家高校在应用型人才培养过程中普遍缺乏适用的教材，现有的本科教材远不能满足要求。因此，如何编写应用型本科教材是培养紧缺人才急需解决的问题。正是基于上述原因，人民交通出版社经过充分调研，结合自身汽车类专业教材、图书的出版优势，于2012年12月在北京组织召开了"高等教育汽车类专业应用型本科规划教材编写会"，并成立教材编写委员会。会议审议并通过了教材编写方案。

本系列教材定位如下：

(1) 使用对象确定为拥有车辆工程、汽车服务工程或交通运输等专业的二三本院校；

(2)设计合理的理论与实践内容的比例,主要解决"怎么做"的问题,涉及最基本的、较简单的"为什么"的问题,既满足本科教学设计的需要,又满足应用型教育的需要;

(3)与现行汽车类普通本科规划教材是互为补充的关系,与高职高专教材有明显区别,深度上介于两者之间,满足教学大纲的需求,有比较详细的理论体系,具备系统性和理论性。

刚踏入大学校门的新生对未来充满了憧憬和期望,迫切希望了解自己所学的专业知识内容以及如何学好它,而学校和老师也希望让学生尽早了解其所学的专业,激发其学习兴趣,树立正确的学习目标,制订适合自身特点的学习规划,创建大学学习的良好开端。为此,我们组织编写了这本《汽车服务工程导论》。

《汽车服务工程导论》教材根据"高等教育汽车类专业应用型本科规划教材编写会"会议精神编写。全书共分六章,第一章为绪论,第二章为汽车结构知识,第三章为汽车服务与汽车服务企业,第四章为典型汽车服务介绍,第五章为汽车服务工程专业知识与课程体系,第六章为大学生活与未来发展。

本书可使学生对汽车服务工程专业有较为全面的认识,了解本专业学科知识和其他专业领域知识交叉、渗透、融合的现状,以培养"宽口径、厚基础、广适应"的专业人才。建议在大学第一学期开设课程,建议14~16学时。

本书由山东交通学院王林超担任主编并负责统稿,其中王林超编写了第三、五、六章;赵长利编写了第四章;徐刚编写了第一、二章。参加本书资料收集、录入等工作的还有陈德阳、衣丰艳、赵培全、高树文等同志。

本书由山东交通学院吴际璋教授任主审,吴际璋教授仔细地阅读了全书的原稿,并提出了许多建设性的意见,在此表示最诚挚的谢意。此外,在本书编写过程中,得到了汽车服务工程领域许多同仁和专家的大力支持和帮助,在此表示最诚挚的谢意。

由于编者水平所限,书中存在不少缺点、错误和不足,恳请广大读者和师生批评指正。

应用技术型高校汽车类专业规划教材编委会
2014年6月

目 录

第一章　绪论 ········· 1
第一节　汽车的历史与发展 ········· 1
第二节　汽车的组成与分类 ········· 7

第二章　汽车结构知识 ········· 18
第一节　汽车发动机 ········· 18
第二节　汽车底盘 ········· 34
第三节　汽车车身及车身附件 ········· 56
第四节　汽车电气设备 ········· 62

第三章　汽车服务与汽车服务企业 ········· 69
第一节　汽车服务的内涵 ········· 69
第二节　汽车服务发展现状及趋势 ········· 74

第四章　典型汽车服务介绍 ········· 79
第一节　汽车营销服务 ········· 79
第二节　汽车保险与理赔服务 ········· 85
第三节　二手车鉴定与评估服务 ········· 104
第四节　汽车技术服务 ········· 111
第五节　汽车美容与装饰服务 ········· 119

第五章　汽车服务工程专业知识与课程体系 ········· 124
第一节　汽车服务工程专业的属性 ········· 124
第二节　典型高校汽车服务工程专业人才培养方案 ········· 128

第六章　大学生活与未来发展 ········· 141
第一节　大学中的教与学 ········· 141
第二节　汽车服务工程专业就业与考研 ········· 148

附录一　汽车商标 ········· 160
附录二　汽车报废标准 ········· 163
参考文献 ········· 164

第一章 绪 论

第一节 汽车的历史与发展

汽车作为重要的陆路交通工具,问世百余年来,取得了惊人的发展。目前,全世界有几亿辆汽车在陆地上行驶,并且以每年几千万辆的速度增长。汽车已成为人类最常用的交通工具,全世界有一半以上的客货运输是由汽车来完成的。同时汽车正逐渐改变人们的生活方式,变革世界经济、文化,渗透到了人类生产、生活等各个领域,直接影响着经济社会的发展进程,激励着社会向更高更强更快迈进。特别是轿车的普及极大地扩大了人们的活动时空,加快了人们生活节奏,提高了人们的生活品质。

一、汽车的由来

1876年,德国人奥托制成了第一台往复式四冲程内燃机。这种内燃机利用活塞往复运动的四个行程,将吸入的煤气与空气的混合气压缩后,再点火燃烧,大大提高了内燃机的热效率。

1886年,德国人卡尔·本茨设计制造出了世界上第一辆装用汽油内燃机的三轮汽车,如图1-1所示。这辆三轮汽车采用钢管焊接车架,辐条式车轮,发动机为单缸四冲程,工作容积1687mL,转速200r/min,功率1.103kW,最高时速18km/h。

同样在1886年,德国人戈特利布·戴姆勒成功地发明了世界上第一辆四轮汽车,如图1-2所示。该车发动机为单缸四冲程汽油机,水冷,转速750r/min,时速15km/h。

图1-1 世界上第一辆三轮汽车

图1-2 世界上第一辆四轮汽车

由于装用汽油内燃机的汽车轻便、快速、舒适,并且一次加油行驶的路程较长,因此,它一问世,便受到了人们的普遍欢迎,同时也标志着汽车的真正诞生。

二、世界汽车工业发展简介

世界汽车发展大致经历了7个阶段。

1. 第一阶段——技术发展阶段

19世纪末至20世纪初,欧美一些主要资本主义国家相继完成了工业革命,随着生产力的大幅度提高,要求交通运输工具也要有相应的发展。同时,石油工业的发展,已能提供足够的燃料;机械工业的发展,也提供了先进的加工设备。因此,从德国人本茨和戴姆勒于1886年制造出第一辆内燃机汽车开始,在欧美资本主义发达国家开始相继制造出了汽车。

1893年,杜里埃兄弟经过不懈的努力,造出了美国的第一辆汽车。

紧随其后,亨利·利兰成立了凯迪拉克公司,名车"凯迪拉克"诞生。

1903年,大卫·别克创立了别克公司,亨利·福特成立了福特汽车公司,从此开始了美国汽车发展的新纪元。

在奔驰发明第一辆汽车后不到20年的时间里,不仅在美国而且在欧洲一些国家也相继诞生出了不同品牌的名车名人。

1896年,法国一个小五金商人的儿子阿尔芒·标致创立了以狮子为商标的标致汽车公司,这就是现代标致雪铁龙集团的前身。

1898年,路易斯·雷诺在法国创立了雷诺汽车公司,他研制的汽车率先使用轴传动,是变速器和万向节的先驱,从而奠定了雷诺名车的基础。

1899年,意大利人乔瓦尼·阿涅利建立起都灵汽车厂,后来该厂用都灵汽车厂的缩写,改名为菲亚特汽车公司。

1904年,英国贵族子弟查理·劳斯和工程师亨利·莱斯联手合作,成立了劳斯莱斯公司,这个公司生产的高级轿车以其杰出的质量,优良的性能,豪华的内饰,古色古香的外形以及设备的完善考究而驰名世界,被认为是世界名车之冠。因而,劳斯莱斯汽车是英国王室成员用车,也是接待外国元首和政府首脑的用车,英国的达官贵人都争相购买这种车,以显示自己的地位。

2. 第二阶段——大量生产阶段

1908年亨利·福特首次推出T型车,在此后近20年的时间里,福特共计生产了1500余万辆T型车,由于T型车结构紧凑,设计简单、坚固,加上驾驶容易,价格低廉(1927年售价仅为290美元一辆),因而深受美国人民的喜爱。由于它广泛地被城市、农村的普通家庭所采用,因此,美国老百姓认为T型车改变了他们的生活方式、思维方式和娱乐方式,使他们更自由,视野更广阔,并产生了新的人与人之间的关系。1908—1911年,福特共生产了13万辆,至第一次世界大战结束时,福特已控制了北美乃至世界各地的汽车市场,地球上几乎一半汽车是T型车。

3. 第三阶段——适用阶段

第一次世界大战期间,福特T型车不能适应欧洲泥泞的战场,使很多汽车厂家意识到,一定要造一种万能车。后来由威力斯公司招标承制了这种万能车,通常称为威力斯万能车(General-Purpose Wills),缩写为GPW,没过多久又缩写为GP,也即Jeep,中文"吉普"。

吉普车带2挡分动器,四轮驱动,并且外形低矮(避免侦察时让敌人发现,另外也是为了减小火力目标),该车还采用了可拆放风挡和由钢管架支撑的篷顶。为了减轻自重,增大有限荷载能力,车身板件也是能省则省,没有车门,仅是在侧围上开了一个缺口,供上下车用,而且尽量采用曲线型整件侧围。底盘非常坚固,离地间隙大。到第二次世界大战结束时,生产的吉普车竟超过60万辆。

4. 第四阶段——产业化时代

第二次世界大战以后,不仅汽车成为不可缺少的公共和个人运输工具,而且汽车工业已成为牵动很多基础材料和相关零部件生产的主导产业。另外,汽车产业的发展促生了很多新工业,例如公路建筑等,反过来又加速了汽车的普及。

(1) 美国。20世纪五六十年代,美国的汽车业不仅带动了整个美国经济的发展,而且成为最大的产业,总产量比其他国家的总和还多。这个时期,美国汽车业完成了兼并大战,使美国汽车成为通用、福特和克莱斯勒的天下。汽车产品走向多级化,成为世界第一商品。汽车由此发生质的变化,从手工业作坊式的小工业发展成为资金密集、人力密集的现代化大产业,美国也被誉为"绑在轮子上的国家"。

(2) 日本。20世纪50年代,日本对基础工业做了大量投资,原为小手工业作坊式的汽车厂,如日产、五十铃、丰田、日野等公司才开始加速发展。特别是1955年以后,当日本经济已经基本恢复元气,准备进一步赶超欧美发达国家时,日本政府和一些经济学家认识到,要达到这个目的,单纯依靠企业管理的改善已不可能,而必须使产业结构向高度化方向发展,并确定一个能带动整个经济起飞的"战略性产业",才能使整个国民经济有一个飞跃,实现其赶超欧美的宏愿。众所周知,这个战略性产业就是汽车工业。在这一时期,日本政府制定了一系列扶持汽车工业的法规条例,使日本汽车工业迅速成长起来,汽车产量由1955年的68932辆跃至1960年的481751辆,并且使轿车在汽车总产量中的比重也由1950年5.3%提升到1960年的34.3%。

进入20世纪60年代,日本的汽车产量更是直线上升,1965年达到187万辆,创造了汽车发展史上的奇迹。

(3) 德国。20世纪60年代,德国的汽车工业在苏联的帮助下取得了大发展,十年中苏联帮助德国汽车公司共生产了338万辆,平均每1000人的汽车占有量为236辆。

因此,从第二次世界大战后到20世纪60年代中期称为汽车发展的"产业化时代",在这个时代汽车工业成为世界上最有活力的产业之一。

5. 第五阶段——摩擦时代

20世纪70年代初,受中东战争及石油危机的影响,世界汽车销售量急剧下降,市场严重萎缩,这对汽车制造业特别是中小规模的厂家简直是致命的打击,世界汽车市场的格局发生了重大的变化。石油危机爆发使日本将其省油、价廉的小汽车打入美国市场,抢占了约30%原属于美国的轿车市场,从此引发出一场愈演愈烈的日美汽车战。

越来越严重的汽车排放污染问题以及20世纪70年代美国政府制定的严格的排污法规,又给汽车业的发展带来了阴影。

在这个阶段,人们意识到汽车是"行走凶器",意识到汽车造成的废气污染,汽车引起的振动噪声以及汽车导致的石油危机等。汽车的普及使原社会系统中滋生了各种倾轧和摩擦现象,为了求得社会相容,人们开始研制低公害汽车和低油耗汽车。

6. 第六阶段——高级化时代

从20世纪80年代中期以后汽车开始进入高级化时代,浓缩着人类文明的汽车业又展现出一幅波澜壮阔的画卷,老牌群雄势不可挡,新的竞争者也是当仁不让,把世界汽车工业推向一个更高的阶段。1988年,全世界共生产汽车4850万辆,其中日本生产1270万辆,西欧1850万辆,美国1119万辆,日本、美国、德国、法国、西班牙、意大利六国的产量就占世界总产量的70%。这些汽车生产大国利用自己的优势,加速企业兼并,推动技术开发,进一步提高了垄断程度和竞争能力。

在美、日等国汽车业龙头的带领下,一些现代工业较发达的国家也不甘落后,且成绩骄人。例如1981年的巴西汽车产量为78万辆,到1993年已达到139万辆。韩国的汽车产量增长势头更猛,1981年其汽车产量只有15万辆,到1993年已达到200万辆。这些新的汽车大国的崛起,着实令原有的汽车大国不敢小觑,使世界汽车的竞争更加激烈。

汽车进入高级化时代的标志之一是:随着世界汽车量的大幅度增加,使得汽车成为人们日常生活中不可缺少的工具。

高级化时代的标志之二是:人们越来越追求汽车驾驶的舒适性、安全性以及环境的适应性。

环境保护和不断提高的安全技术方面的要求对汽车工业产生重大影响。而解决此类问题的最佳手段就是利用电子技术,而汽车电子技术的发展使汽车的一些性能指标达到了前所未有的高度。作为汽车工业竞争焦点的质量和成本已经发生了质的变化,即成本已退居次要位置,而质量也不再仅靠可靠性和舒适性(包括方便性),在这方面落后的厂家必将丧失竞争力,单纯依靠价格竞争已经没有出路。

高级化时代的标志之三是:人们对20世纪70年代的全球能源危机已经淡忘,美国人又开始追求大型豪华轿车了,1990年底特律人恢复了那种曾是不可动摇的"越大越好"的信念。同时大型豪华轿车又成为世界车型的热点。

20世纪90年代初,在美国,大型豪华轿车的复活不是偶然的,是当代电子技术和电子计算机迅猛发展的必然结果。高技术已对传统工业产生了深远的影响。汽车工业也不例外,借助于高技术,汽车在动力性、经济性、制动性和舒适性等方面,将得到依靠传统的设计所不能达到的改进。这也是20世纪90年代汽车工业发展的总体趋势。

7. 第七阶段——电子化时代

自20世纪90年代至今,汽车又进入了一个电子化和高级智能化时代,主要表现在汽车的智能化方面,也就是说给汽车装上"大脑",让汽车"学会思考"。目前在汽车上集辅助驾驶技术、碰撞主动规避、智能泊车以及智能交通技术于一体的新技术正在迅猛发展,预计智能汽车将成为21世纪的主要交通工具。

智能汽车概念的出现只是近几年的事。长期以来,人们在充分享受汽车巨大便利的同时,也开始为它的前途担忧:道路不堪负担,堵车常见,事故不断。单就美国而言,在一些大城市里,人们每年由于堵车而浪费的时间就达人均110h,美国一年因交通事故造成的直接或间接损失更高达1700亿美元。

现实迫使人们改变以往依靠增修道路、加强管理来改善交通状况的思路,而寻求更科学的方法。既然事故是造成交通阻塞的最直接也是最主要的原因,那么,缓解交通阻塞的最有效的办法就是让车"学会"预防事故。其次,在事故发生的情况下,使汽车能够在智能交通管理系统的指挥下,绕道而行。

因为智能汽车在车身各部位有几十个各类传感器,犹如"千里眼、顺风耳",能提供各种信息,由车载主控计算机对运行状况进行调控。另外,智能汽车还装有事故规避系统,它随时以光、声形式向汽车驾驶员提供车体周围必要的信息,从而有效地防止事故的发生。

专家预言,由人工驾驶、电脑提供辅助信息的第一代智能汽车可望在未来十年中获得长足进步,而且完全可以相信,随着电子技术的迅猛发展,具有自动驾驶功能的智能汽车将会出现。

在简单回顾汽车发展的各个阶段后,可以看出,汽车进入社会的时间在世界各地是不一样的。例如,欧洲是在技术开发阶段进入的,美国是在大量生产时代进入的,日本是在产业化时代进入的,韩国是在高级化时代进入的,而我国是在电子化时代正式加入汽车生产国行列的。

三、中国汽车工业发展简介

我国的汽车工业是从 20 世纪 50 年代开始的,经历了 4 个阶段。

(1) 创立时期(1953—1978 年)——我国的汽车工业于 1953 年时从零起步,开始建立第一汽车制造厂,三年后便生产出国产"解放牌"中型载货汽车。20 世纪 60 年代建设了第二汽车制造厂,生产我国独立设计的"东风牌"中型载货汽车。后来又建设了"川汽"、"陕汽"等重型汽车厂,还在修理厂的基础上建成了"北汽"、"上汽"、"南汽"、"济汽"等一批骨干企业。但汽车的品种在过去的长时间内"缺重少轻",更无轿车工业。

(2) 大发展时期(1978—1993 年)——我国改革开放后,汽车工业进入了大发展时期。汽车行业开始以各大型骨干企业为主,联合一批相关的中小型企业组建汽车集团。汽车工业加快了主导产品更新换代的步伐,注重提高产品质量、增添汽车品种。1985 年,中央在"七五"计划建议中提出了要把汽车工业作为支柱产业的方针;1987 年,国务院又确立了发展轿车工业来振兴我国汽车工业的战略。这就确立了汽车工业在我国国民经济中的重要地位和发展重点,并有计划、有重点地引进国外先进技术和整车项目,发展我国的轿车工业。

(3) 快速发展时期(1993—2002 年)——1993 年后,汽车工业跨入了快速发展时期。我国的汽车工业重点支持 2~3 家汽车企业集团迅速成长为具有相当实力的大型企业,支持 6~7 家汽车企业成为国内的骨干企业;解决重复引进低水平产品的问题,花大气力增强汽车产品自主开发能力,从与国外联合开发逐步走向成熟的自主开发,提高产品质量和技术装备水平,迅速赶上国际先进水平。

(4) 高速发展阶段(2003 年至今)——2003—2013 年,中国汽车产量从年产 449.7 万辆增长到 2200 万辆(图 1-3),并在 2009 年中国就成为世界最大的汽车产销国,连续五年蝉联世界第一。截至 2013 年年底,汽车保有量已达到 1.37 亿辆。

过去的 10 年,汽车工业已经成为国民经济的支柱产业。汽车产业拉动了消费、促进了就业、提高了消费者生活水平,构建起和谐汽车社会。

过去的 10 年,自主品牌得到充分的发

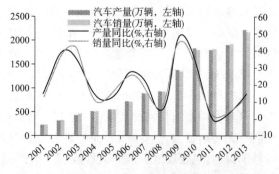

图 1-3　2001—2013 年中国汽车产销量

展,自主品牌新车型占汽车新产品比重从2003年的不足30%,上升至2010年自主品牌乘用车占国内市场的46%,轿车自主品牌销量293万辆,占轿车销售总量的31%。

过去的10年,汽车进入了寻常百姓家。普通消费者从不敢奢求买汽车,到开上自己喜欢的汽车,尝到了全新的汽车生活方式。

过去的10年,汽车有了配套的新产业政策、召回制度、相关法规等。小排量车解禁了,新能源汽车发展了,节能环保被置于重要的地位。这一切都说明,中国的汽车工业正在进入和谐发展阶段。

"十二五"期间中国汽车工业发展的目标中明确指出:汽车工业保持稳定增长,结构调整取得明显成效,自主创新能力显著增强,自主品牌产品在国内市场占主要地位,成为世界汽车重要出口基地,全面提升在世界汽车工业中的地位。

从2003年开始,中国相继出台了《汽车金融公司管理办法》《汽车贷款管理办法》《汽车品牌销售管理实施办法》《汽车贸易政策》《进口车落地完税政策》《二手车流通管理办法》《中华人民共和国道路交通法》等一系列政策法规,这些政策的颁布规范了汽车市场,营造出了良好的消费环境,保障了厂商、经销商和消费者的权益,也更符合社会主义市场经济规律。

随着众多法律、法规的出台、完善,中国的汽车消费环境将会越来越好。

四、汽车工业与社会进步

1. 汽车工业的发展改变了人类生活

人类社会及人们生活的"汽车化",大大地扩大了人们日常活动的半径和范围,扩大并加速了人与人之间、国与国之间、地区与地区之间的交往,极大地加快了人们的生活节奏,促进了世界经济的大发展与人类的快速进步。

2. 汽车工业的发展促进了先进技术的应用与转化

汽车是由上万个零件组成的结构复杂、加工精密的"技术密集、劳动密集、资金密集"型的机(机械)、电(电气、电子)、化(化工)、美(美工造型)一体化且大批量生产的产品,也是世界上零件数以10^4计、产量以10^7计的唯一产品,是产值高、寿命长、需求量大的社会必需品。一些当代世界上的最新技术与成果,首先在汽车上或汽车工业中得到推广应用。如超微型计算机、机器人等高技术产品,微电子、自动控制、精密机械制造与柔性加工技术,有限元分析、模态分析、模拟计算等设计方法,不仅越来越多地引进汽车设计、制造、试验研究中,而且有些现代高新技术成果直接用在汽车上,以满足对汽车的安全、节能、环保以及其他性能越来越高的要求。例如,发动机、变速器的电子控制系统,电控防抱死装置(ABS),电控防滑转装置(ASR),电控行驶稳定装置(ESP),汽车的雷达防撞装置,交通路线优化选择的电子导航系统,多功能高精度智能化的电子仪表及显示系统,防盗报警装置,安全气囊等。

3. 汽车工业已成为各个国家的支柱性产业

汽车上用到的材料种类繁多,加工工艺也很复杂。在制造中要用铸、锻、焊、冲压、金属切削与无切削加工、热处理、表面处理、油漆、装配等各种加工工艺及其设备;要消耗大量的各种钢材、有色金属、工程塑料、橡胶、玻璃、油漆等;要安装电机、电气、仪表、微机控制系统、电子设备、空调设备、内饰和座椅、安全设备(安全带及安全气囊)等。汽车在使用中还要消耗大量的燃料、润滑油以及零配件,汽车还需要维护保养及修理。因此,汽车工业要以钢铁、有色金属、非金属材料、机械制造、电机电气与电子、化工、石油及其加工、汽车零配件制造与修理等工业以及当代许多先进技术为基础,要有这些基础工业与科学技术的扶植,才能更好的发展。反过来说,汽车工业发展了,又能带动这些基础工业的迅速起飞与现代科技的蓬勃发展。从这种意义上来讲,汽车工业已成为许多先进国家的支柱性产业。

4. 汽车已成为人类的最大杀手,夺取了千百万人的生命

汽车在给人类带来方便舒适的同时,也带来了一系列严重社会问题。自汽车问世以来,全世界因车祸丧生的已有2000万人,致残的有4亿~5亿人。我国近几年交通事故呈上升趋势,每年死伤人数非常之多,"车祸猛于虎"。

更可怕的是汽车还是无形的刽子手,汽车排放物中的有害气体如一氧化碳、碳化氢、碳化物和铅等是城市大气污染的罪魁祸首。每年因汽车排放而造成疾病和癌症死亡的人数也非常多。

5. 汽车已成为能源的最大消费者,世界石油行情能影响国家的政治形势

据统计,每年汽车用油量要占世界石油总产量的九成。在美国和一些发达国家,加油站多于我国的邮政信箱,用油如用水。

然而,世界性的能源危机已成为人类面临的最紧迫的问题。作为一次能源的地下石油,其储藏量随开采量的不断增加而逐渐减少,石油资源枯竭之日已为期不远,预计到2050年前后,汽车将面临"饥饿"和"死亡"的威胁。例如:中东战争、海湾战争等,其多数战争动机都是为了石油这一军事战略物资。

由此可见,汽车轮子虽小,却转得动大国的政治舞台。

综合过去的百年,汽车改变了社会,但预计今后百年,社会将要改变汽车。科学家正在按照社会的需要不断地改造汽车。如科学家正在研究汽车替代燃料,例如天然气、甲醇、酒精等,也在研究电动汽车、混合动力汽车等问题。

从汽车制造大国向产业强国迈进,科技创新是关键、人才培养是根本。未来汽车工业的竞争关键是人才的竞争。未来的汽车将具有以下七大特点:安全、价廉、环保、实用、高效、省时以及提供与外部世界的联系。这就意味着汽车行业必须围绕低价位、实用性、设计和技术进行创新,充分体现"人、车、环境"的有机结合。总之,汽车的发展趋势为:对环境的污染越来越小,燃油经济性越来越好,安全舒适性越来越高,车辆专业性越来越强,以人为本体现得越来越充分。

第二节 汽车的组成与分类

一、汽车的组成

汽车是由自身动力装置驱动,一般具有四个或四个以上车轮的非轨道承载车辆,主要用于载运人、货物及一些特殊用途。

汽车通常由发动机、底盘、车身、电气设备四大部分组成。图1-4为轿车的总体构造示意图。

(1) 发动机是汽车的动力装置。汽车上广泛使用的发动机大都是往复活塞式内燃机,它

的作用是使燃料燃烧而发出动力。它一般是由机体、曲柄连杆机构、配气机构、燃料供给系统、冷却系统、润滑系统、点火系统、起动系统等组成。

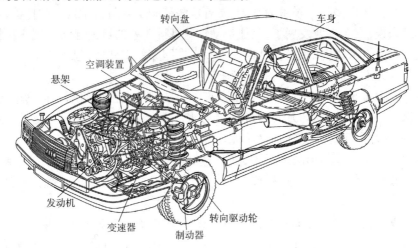

图1-4　轿车的总体构造

(2) 底盘是在动力装置驱动下使汽车按驾驶员的操纵正常行驶部分的总称,它包括传动系统、行驶系统、转向系统和制动系统。

(3) 车身是容纳驾驶员、载运乘客和货物部分的总称,它包括驾驶室和各种形式的车厢。

(4) 电气设备是保证汽车动力性、经济性、安全性和可靠性,提高汽车品质的重要组成部分,包括汽车电源、用电设备和电子控制装置。

二、汽车的分类

汽车一般可按汽车的用途、发动机排量、乘客座位数、汽车总质量、汽车总长度、车身或驾驶室特点的不同等来分类,也可以取上述特征量中的两个指标作为分类的依据。

1. 按 GB　T 3730.1—2001 分

按 GB　T 3730.1—2001《汽车和挂车类型的术语和定义》将汽车分为乘用车和商用车。

乘用车是指在设计和技术特性上主要用于载运乘客及其随身行李和(或)临时物品的汽车,包括驾驶员座位在内最多不超过 9 个座位。它也可以牵引一辆挂车。乘用车又有多种,我们习惯把部分乘用车(图1-4)称为轿车。乘用车分类如图1-5 所示。

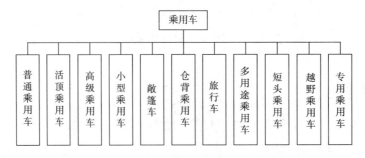

图1-5　乘用车分类

商用车是指在设计和技术特性上用于运送人员及其随身行李和货物的汽车,并且可以牵引挂车。商用车又分为客车、半挂牵引车、货车,商用客车的座位数包括驾驶员座位在内一般超过9个座位,当座位数不超过16座时,称之为小型客车。商用车的详细分类如图1-6所示。

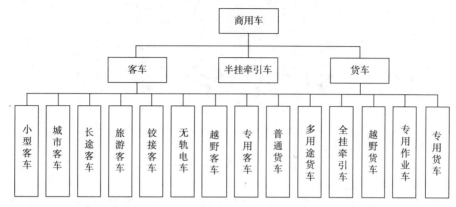

图1-6 商用车分类

2. 按动力装置类型分

1) 往复活塞式内燃机汽车

是当前应用最为广泛、占绝大多数的车辆,其内燃机绝大多数为燃用汽油的或柴油的汽油机和柴油机。为解决能源和环境的问题,使用液化石油气(LPG)、压缩天然气(CNG)、醇类等各种代用燃料的汽车正不断发展。

2) 电动汽车

是指由电动机驱动且自身装备供电电源(不包括供电线架)的车辆。主要有蓄电池电动汽车和燃料电池电动汽车。电动汽车具有零油耗、零排放、高效率、低噪声、结构简单、维修使用方便的优点,但由于电池的功率密度和能量密度低、充电时间长、使用寿命及续驶里程短等技术、性能和价格的原因,还不能广泛使用;燃料电池电动汽车,简称燃料电池汽车,是将外界供给的活性物质的化学能通过电化学方式直接转换为电能,持续推动车辆,燃料电池是一种能量转换装置,如果能在耐久性和成本方面有所突破将有美好的前景。

3) 混合动力汽车

又称混合动力电动汽车,是指具有两种及以上车载动力源并协调工作的车辆。它是鉴于电动汽车存在的问题,综合考虑环保节能的需要,混合动力汽车是一种现实的选择,是将电驱动系统与汽油机、柴油机、代用燃料发动机等另一种动力系统在同一车辆上使用,可以充分利用各动力源的优点,降耗节能。

4) 太阳能汽车

取自太阳能的车载动力源的车辆具有绿色能源的优点,但有动力不足、价格高等问题,故难以推广应用。太阳能汽车是真正意义上的无公害无能源消耗的绿色汽车。

三、汽车主要参数

汽车的主要参数包括尺寸参数、质量参数和性能参数等。

1. 汽车主要尺寸

汽车主要尺寸是指汽车的外廓尺寸、轴距、轮距、质心高度、前后悬、车头长度和车厢尺寸等,如图1-7所示。

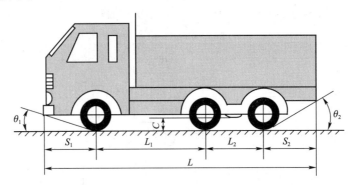

图1-7 汽车主要参数

1) 外廓尺寸

汽车的长、宽、高称为汽车外廓尺寸,它的大小直接与轴距、轮距、驾驶室、车身和专用设备的布置有关。一般是根据汽车的功能、吨位、容量、外形、专用设备、结构布置和使用条件等因素确定的。在满足使用要求的前提下,力求减小汽车外廓尺寸,以减轻其整备质量,降低制造成本,提高其动力性、经济性和机动性。减小汽车长度尺寸可以增加车流密度,减小停车面积;减小汽车宽、高度尺寸可减小迎风面积,降低空气阻力。汽车外廓尺寸必须适应公路、桥梁、涵洞和铁路运输的标准,保证其安全行驶。各国对公路运输车辆的外廓尺寸均有法规限制,而非公路行驶的车辆可以不受此限制,如矿用自卸车、机场摆渡车等。

我国对公路运输汽车列车的外廓尺寸限制是按国家标准GB 1589—2004《道路车辆外廓尺寸、轴荷及质量限值》规定:汽车总宽(不包括后视镜)不大于2.5m,左、右后视镜等突出量不大于250mm;汽车总高(空载、顶窗关闭状态)不大于4m,顶窗、换气装置开启时不得超出车高300mm;汽车总长,货车、整体式客车总长不大于12m,单铰接式客车不大于18m,半挂汽车列车不大于16.5m(2008年1月1日起,厢式半挂汽车列车的车长限值放大到18.1m),全挂汽车列车不大于20m。

2) 轴距(L_1与L_2)

汽车轴距的长短直接影响专用汽车的长度、质量和许多使用性能。在保证汽车功能的前提下,轴距设计得越短,其长度就越短、质量越小,最小转弯直径和纵向通过半径也越小,机动性好。轴距还影响轴荷分配,所以轴距不能过短,轴距过短,车辆的后悬太长,行驶时纵摆较大,车辆制动、加速以及坡道行驶时质量转移过大,使操纵性和稳定性变坏。此外,轴距过短还会导致万向节传动的夹角增大,从而造成较大的传动不均匀性。

3) 轮距

汽车轮距的大小对专用汽车的宽度、质量、横向通过半径、横向稳定性和机动性影响较大。轮距越大,则横向稳定性越好,悬架的角刚度也越大。但轮距宽了,汽车的宽度和质量一般也要增大,改变汽车轮距还会影响车厢或驾驶室内宽、侧倾刚度、最小转弯直径等,轮距过宽机动性变坏,还易导致车轮向车身侧面甩泥。

4) 质心高度

汽车质心高度主要影响汽车的使用性能,包括其纵向稳定性和侧向稳定性,也包括其制动、驱动和坡道行驶时的轴质量转移系数,因此希望质心较低为好。一般车辆的纵向稳定性都能满足要求,而侧向稳定性对厢式汽车、罐式汽车和集装箱运输车等质心较高的汽车来说,由于诸多条件的限制,使其质心比较高。质心过高,很易导致车辆横向失稳,特别是弯道行驶时,易造成侧向倾翻。

5) 前悬与后悬(S_1 与 S_2)

汽车前悬尺寸对汽车通过性、轴载质量、碰撞安全性、驾驶员视野、前钢板弹簧长度、上车和下车的方便性以及汽车造型等均有影响。前悬尺寸增加,汽车的接近角减小,通过性降低,视野变坏。长前悬有利于采用长钢板弹簧,有利于在撞车时对乘员起保护作用。对平头汽车,前悬还会影响从前门上、下车的方便性。前悬尺寸应在保证设计要求、能布置各总成和部件的同时尽可能短些。

汽车后悬尺寸对汽车通过性、汽车追尾时的安全性、车厢长度或上装尺寸、轴距和轴荷分配等有影响。后悬加长,汽车的前轴载质量减小,后轴载质量增大,汽车的离去角减小,使通过性降低;而后悬缩短,汽车的车厢长度或上装尺寸减小。

6) 最小离地间隙(C)

最小离地间隙是指:汽车在满载(允许最大荷载质量)的情况下,底盘最低点距离地面的距离。最小离地间隙反映的是汽车无碰撞通过有障碍物或凹凸不平的地面的能力。

最小离地间隙越大,车辆通过有障碍物或凹凸不平的地面的能力就越强,但重心偏高,降低了稳定性;最小离地间隙越小,车辆通过有障碍物或凹凸不平的地面的能力就越弱,但重心低,可增加稳定性。汽车的离地间隙各个高度值不是静止不变的,它取决于负载状况。

2. 汽车质量参数

1) 整备质量

汽车整车整备质量就是汽车经过整备后在完备状态下的自身质量,即指汽车上带有全部装备(包括随车工具、备胎等),加满燃料、水,但没有装货和载人时的整车质量。

整备质量对汽车的制造成本和燃油经济性有影响。通过优化结构、采用高强度钢结构件以及铝合金、非金属复合材料等尽可能减少整备质量(通常整备质量每减少10%,燃油消耗可降低6%~8%),提高质量系数,即提高汽车装运质量与整车整备质量的比值。

2) 装运质量

汽车装运质量是指汽车在良好硬路面上行驶时的最大限额(客车用座位数,货车用吨位数)。当汽车在非良好硬路面上行驶时装运质量应适当减少。越野汽车装运质量是指它在越野路面上行驶的最大限额。

3) 最大总质量

汽车最大总质量是汽车装运质量与整车整备质量之和。它是保证汽车运输安全和运输效率的重要指标,车辆制造厂和行政主管部门都有明确的规定。

4) 轴载质量

汽车轴载质量的合理分配,可以提高汽车的稳定性、通过性和制动性,延长轮胎和道路的使用寿命。

理想的轴载质量分配是满载时每个车轮的负荷大致相等。但实际上,还要考虑汽车的动力性、操纵性、通过性、制动性等使用性能。

世界各国根据道路表面的坚固性和耐磨性决定公路运输车辆的轴载质量。我国《公路工程技术标准》JTG B01—2003 规定：总质量为 20t 的汽车，单后轴载质量为 13t；总质量为 30t 的汽车，双后轴载质量为 12×2t。

3. 性能参数

1）汽车动力性

汽车的动力性是指汽车以最高车速行驶的能力、迅速提高车速的能力和爬坡的能力。它主要取决于发动机的性能和传动系统的特性参数，是汽车使用性能最基本和最重要的性能。

2）汽车制动性

汽车的制动性能用制动效能和制动稳定性来评价。制动效能是指汽车迅速降低行驶速度直至停车的能力；制动稳定性是指汽车在制动过程中维持直线行驶或按预定弯道行驶的能力。

汽车制动性能特别重要。它不仅是安全行车的保证，也是下长坡行车车速的主要制约因素，能维持安全车速并有在一定坡道上长期驻车的能力，直接影响其使用性能和生产效率。汽车除了装有必备的行车制动和驻车制动装置以外，有的还装有应急制动装置和辅助制动装置。应急制动是在行车制动气压不足，制动失灵或制动力减弱的时候，迅速发挥作用将车辆停住，从而使汽车避免发生事故；而辅助制动常常是采用发动机排气制动、液力缓速、电力缓速等装置，以减轻车轮制动器的负担，使汽车更加安全可靠地行驶，提高运输效率。

3）汽车通过性和机动性

汽车的通过性参数主要有：最小离地间隙、纵向通过半径（现称纵向通过角）、接近角和离去角。

汽车最小转弯直径是其机动性的主要参数之一，其数值主要根据汽车用途、道路条件和结构特点选取。大型半挂汽车列车的最小转弯直径一般在 11～15m 以内，也可达 20m 左右。

四、汽车行驶基本原理

汽车行驶必须具备两个基本条件：驱动条件和附着条件。

1. 驱动条件

汽车必须具有足够的驱动力，以克服各种行驶阻力，才能得以正常行驶。这些阻力主要包括滚动阻力、空气阻力、坡度阻力和加速阻力。

1）驱动力

汽车的驱动力来自发动机，如图 1-8 所示。发动机发出的转矩经过汽车传动系统施加给驱动车轮的转矩，力图使驱动车轮旋转。在驱动车轮的转矩的作用下，由于车轮与路面的附着作用，驱动车轮与路面接触处对地面施加一个驱动力，其方向与汽车行驶方向相反。同时，路面对车轮施加一个大小相等、方向相反的反作用力。驱动力 F_t 克服滚动阻力 $F_f(F_{f1}+F_{f2})$、空气阻力

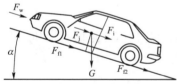

图 1-8 汽车行驶阻力

F_w、坡度阻力 F_i、加速阻力 F_j 等各种行驶阻力而正常行驶。

2）滚动阻力

滚动阻力是由于车轮滚动时轮胎与路面两者在其接触区域发生变形而产生的。车轮在

硬路面上滚动时,驱动汽车的一部分动力消耗在轮胎变形的内摩擦上,而路面变形很小;车轮在软路面(松软的土路、沙地、雪地等)上滚动时,由于路面变形较大,所产生的阻力就成为滚动阻力的主要部分。滚动阻力以 F_f 表示,其数值与汽车的总质量、轮胎的结构与气压以及路面的性质有关,它等于车轮负荷与滚动阻力系数之积。

3) 空气阻力

汽车在空气中向前行驶时,前部承受气流的压力而后部抽空,产生压力差。此外,空气与车身表面以及各层空气之间存在着摩擦,再加上引入车内冷却发动机、室内通风以及外伸零件引起气流的干扰,就形成空气阻力。空气阻力以 F_w 表示,它与汽车的形状、汽车的正面投影面积、汽车与空气相对速度的平方成正比。可见,汽车速度很高时,空气阻力将成为总阻力的主要部分。

4) 坡度阻力

汽车在坡道上行驶时,其总重力沿坡道方向的分力称为坡度阻力,以 F_i 表示。汽车只有在上坡时才存在坡度阻力,但汽车上坡所作的功可转化为重力势能。当汽车下坡时,重力势能就转化为动能。

5) 加速阻力

汽车加速行驶时,需要克服自身质量加速运动的惯性力,即加速阻力,以 F_j 表示。

6) 驱动力与行驶阻力的关系

汽车的驱动力 F_t 等于各种行驶阻力之和

$$F_t = F_f + F_w + F_i + F_j$$

当 $F_j = 0$ 时,汽车匀速行驶;当 $F_j > 0$ 时,汽车加速行驶,但随着速度的增加,空气阻力也随着增加,在某个较高的车速达到新的平衡,然后匀速行驶;当 $F_j < 0$ 时,汽车将减速行驶或停止。当汽车在平直的路面上以最高车速匀速行驶时,只需克服滚动阻力和空气阻力。

2. 附着条件

在平整的干硬路面上,汽车附着性能的好坏取决于轮胎与路面间摩擦力的大小。这个摩擦力阻碍车轮的滑动,使车轮能够正常的向前滚动并承受路面的驱动力。如果驱动力大于轮胎与路面间的最大静摩擦力时,车轮与路面之间就会发生滑转。在松软的路面上,除了轮胎与路面间的摩擦阻碍车轮滑转外,嵌入轮胎花纹凹处的软路面凸起部还起一定的抗滑作用。通常把车轮与路面之间的相互摩擦以及轮胎花纹与路面凸起部的相互作用综合在一起,称为附着作用。由附着作用所决定的阻碍车轮滑转的最大力称为附着力 F_φ。附着力 F_φ 等于驱动轮所承受的垂直于路面的法向力 G(称为附着重力)附着系数 φ 乘积。附着系数 φ 与轮胎的类型及路面的性质有关。

由此可知,汽车所能够获得的驱动力受附着力的限制,即 $F_t \leq F_\varphi$ 为汽车行驶的附着条件。

在附着力很小的冰雪或泥泞路面上,由于汽车的驱动力受附着力的限制而不能克服较大的阻力,导致汽车减速甚至不能前进。即使再增大汽车的输出功率和输出转距,车轮也只能滑动而不能增大驱动力。为了增加附着力,可采用特殊花纹轮胎或在普通轮胎上绕装防滑链,以提高其对冰雪路面的抓着能力。非全轮驱动汽车的附着重力只是分配到驱动轮上那部分汽车重力;而全轮驱动汽车的附着重力则是汽车的总重力,因而其附着力显著增大。

五、汽车产品型号

为了使全国汽车产品型号编制统一,我国一律采用 GB 9417—88《汽车产品型号编制规则》标准。

汽车产品型号由企业名称代号、车辆类别代号、主参数代号、产品序号组成,必要时附加企业自定代号(图1-9)。对于专用汽车及专用半挂车还应增加专用汽车分类代号(图1-10)。

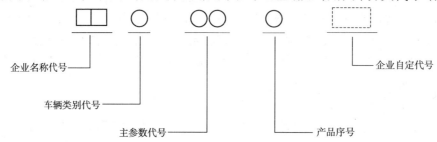

图1-9 汽车产品型号示意

□-用汉语拼音字母表示;○-用阿拉伯数字表示;▭-用汉语拼音或阿拉伯数字表示均可

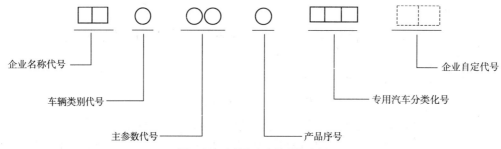

图1-10 专用汽车产品型号示意

□-用汉语拼音字母表示;○-用阿拉伯数字表示;▭-用汉语拼音或阿拉伯数字表示均可

(1)企业名称代号:位于产品型号的第一部分,用代表企业名称的两个或三个汉语拼音字母表示。如:BJ(北京)、NJ(南京)、JN(济南)、SH(上海)、SX(陕西)、EQ(二汽)等。而第一汽车制造厂的企业代号用"CA"表示。其中,"C"为"车"字拼音的第一个字母,用来表示"汽车制造厂"之意,"A"为字母 A、B、C、D……的第一个,用来表示第一的意思。该代号从1955年沿用至今。也有的汽车改装企业采用商标的汉语拼音编号。

(2)车辆类别代号:位于产品型号的第二部分,用一位阿拉伯数字表示,见表1-1。

(3)主参数代号:位于产品型号的第三部分,用阿拉伯数字表示。

①载货汽车、越野汽车、自卸汽车、牵引汽车、专用汽车与半挂车的主参数为车辆的总质量(t),牵引汽车的总质量包括牵引座上的最大质量。当总质量在100t以上时,允许用3位数表示。

②客车及半挂车的主参数代号为车辆长度(m)。当车辆长度小于10m时,应精确到小数点后一位数,并以长度(m)值的10倍数值表示。

③轿车的主参数代号为发动机排量(L),应精确到小数点后一位,并以其值的10倍数值表示。

④专用汽车及专用半挂车的主参数代号,当采用定型汽车底盘或定型半挂车底盘改装时,若其主参数与定型底盘原车的主参数之差不大于原车的10%时,则应沿用原车的主参数代号。

汽车型号中部四位阿拉伯数字的含义　　　　　表1-1

第一位数字表示车辆的类别		第二、三位数字表示各类汽车的主要特征参数	第四位数字表示
1	载货汽车	表示汽车的总质量(t)①数值	企业自定产品序号： 0—第一代产品 1—第二代产品 2—第三代产品 ……
2	越野汽车		
3	自卸汽车		
4	牵引汽车		
5	专用汽车		
6	客车	表示汽车的总长度(0.1m)②数值	
7	轿车	表示发动机的工作容积(0.1L)数值	
8			
9	半挂车及专用半挂车	表示汽车的总质量(t)①数值	

注：①当汽车的总质量大于100t时，允许用3位数字。
　　②当汽车总长度大于10m时，计算单位为m。
⑤主参数的数字修约按《数字修约规则》的规定设定。
⑥主参数不足定位数时，在参数前以"0"占位。

（4）产品序号：位于产品型号的第四部分，用阿拉伯数字表示，数字由0、1、2……依次使用。

（5）当车辆主参数有变化，但不大于原定型设计主参数的10%时，其主参数代号不变；大于10%时，应改变主参数代号，若因为数字修约而主参数代号不变时，则应改变其产品序号。

（6）专用汽车分类代号：位于产品型号的第五部分，用反映车辆结构特征和用途特征的3个汉语拼音表示。结构特征代号按表1-2的规定（同时适用于专用半挂车），用途特征代号另行规定。

专用汽车分类代号　　　　　表1-2

厢式汽车	罐式汽车	专用自卸汽车	特种结构汽车	起重举升汽车	仓栅式汽车
X	G	Z	T	J	C

（7）企业自定代号：位于产品型号的最后部分，同一种汽车结构略有变化需要区别时（如汽油、柴油发动机，长、短轴距，单、双挂座驾驶室，平、长头驾驶室，左、右置转向盘等），可用汉语拼音字母和阿拉伯数字表示，位数由企业自定。供用户选装的零部件（如暖风装置、收音机、地毯、绞盘等），不属结构特征变化，应不给予企业自定代号。

例如：中国第一汽车集团公司生产的第二代载货汽车，总质量为9310kg，其型号为CA1091；中国上海汽车厂生产的第二代轿车，发动机排量为2.2321L，其型号为SH7221。

六、车辆识别代号

汽车产品型号是便于识别不同的汽车，用简单的编号来表示各种不同汽车的厂牌、类型和主要特征参数的，是车辆的类别代号，是批量的。汽车产品型号是对于一种形式车辆的高度概括性说明，它在政府各部门的管理和统计中、在制造厂的内部管理中发挥着重要的作用。

车辆识别代号英文为Vehicle Identification Number，简称为VIN。车辆识别代号是为识别车辆而指定的一组字码组成的代号，这个代号是由制造厂按照一定的规则，依据本厂的实际而指定的，是车辆的身份证，是唯一的。车辆识别代号的基本目的是区别每一辆车，并利用它的这个特性，应用在各个方面的统计和计算机检索，因而它与汽车产品型号有着不同的基本目的和用途。车辆识别代号不会也不能取代汽车产品型号。

1. 车辆识别代号的基本构成

车辆识别代号由世界制造厂识别代号(WMI)、车辆说明部分(VDS)、车辆指示部分(VIS)三部分组成,如图1-11所示,共17位字码。

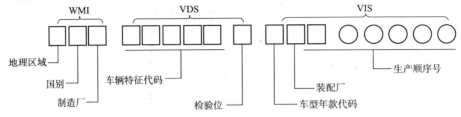

图1-11 年产量≥500的车辆识别代号
□-代表字母或数字；○-代表字母或数字

2. 世界制造厂识别代号(WMI)

世界制造厂识别代号(WMI)是车辆识别代号的第一部分,WMI应符合GB 16737—2004《道路各车辆 世界制造厂识别代号(WMI)》的规定。

3. 车辆说明部分(VDS)

(1)车辆说明部分(VDS)是车辆识别代号的第二部分,由六位字码组成(即VIN的第四~九位)。如果车辆制造厂不使用其中的一位或几位字码,应在该位置填入车辆制造厂选定的字母或数字占位。

(2)VDS第一~五位(即VIN的第四~八位)应对车型特征进行描述,其代码及顺序由车辆制造厂决定。

(3)VDS的最后一位(即VIN的第九位字码)为检验位。检验位可为"0~9"中任一数字或字母"X",用以核对车辆识别代号记录的准确性,检验位应按照检验位计算方法的规定计算。

4. 车辆指示部分(VIS)

(1)车辆指示部分(VIS)是车辆识别代号的第三部分,由八位字码组成(即VIN的第十~十七位)。

(2)VIS的第一位字码(即VIN的第十位)应代表年份。年份代码按表1-3规定使用(30年循环一次)。

VIN 的 年 份 代 码　　　　表1-3

年份	代码	年份	代码	年份	代码	年份	代码
2001	1	2011	B	2021	M	2031	1
2002	2	2012	C	2022	N	2032	2
2003	3	2013	D	2023	P	2033	3
2004	4	2014	E	2024	R	2034	4
2005	5	2015	F	2025	S	2035	5
2006	6	2016	G	2026	T	2036	6
2007	7	2017	H	2027	V	2037	7
2008	8	2018	J	2028	W	2038	8
2009	9	2019	K	2029	X	2039	9
2010	A	2020	L	2030	Y	2040	A

(3) VIS 的第二位字码(即 VIN 的第十一位)应代表装配厂。

(4) 如果车辆制造厂生产的完整车辆和/或非完整车辆年产量≥500 辆,此部分的第三～八位字码(即 VIN 的第十二～十七位)用来表示生产顺序号。如果车辆制造厂生产的完整车辆和/或非完整车辆年产量＜500 辆,则此部分的第三、四、五位字码(即 VIN 的第十二～十四位)应与第一部分的三位字码一同表示一个车辆制造厂,第六、七、八位字码(即 VIN 的第十五～十七位)用来表示生产顺序号。

(5) 字码。在车辆识别代号中仅能采用下列阿拉伯数字和大写的罗马字母:
1 2 3 4 5 6 7 8 9 0
A B C D E F G H J K L M N P R S T U V W X Y Z(字母 I、O 及 Q 不能使用)

(6) 分隔符。分隔符的选用由车辆制造厂自行处理,但不得使用以上(5)所述车辆识别代号所用的任何字码,或可能与车辆识别代号中的字码混淆的任何字码,例如:☆、★。

5. 车辆识别代号的固定方式

为了固定 VIN,车辆制造厂可以在以下两种固定方式中进行选择。

(1) 车辆识别代号可直接打刻在车架上,对于无车架车身而言,可以直接打刻在不易拆除或更换的车辆结构件上。

(2) 车辆识别代号还可打印在标牌上,但此标牌应同样是永久固定在以上(1)所述的车辆结构件上。

第二章 汽车结构知识

第一节 汽车发动机

将热能转变为机械能的发动机称为热力发动机(简称热机),包括内燃机和外燃机。内燃机是通过燃料与空气混合在发动机内部燃烧而产生的热能转变为机械能的装置;外燃机已经在汽车上淘汰。汽车上广泛采用往复活塞式、四冲程、水冷式、多缸汽油机或柴油机。

一、发动机基本知识

1. 发动机基本构造

单缸汽油发动机的基本构造如图2-1所示。

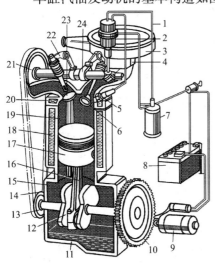

图2-1 单缸汽油发动机的基本构造
1-高压线;2-分电器;3-空气滤清器;4-混合气形成装置;5-火花塞;6-进气门;7-点火线圈;8-蓄电池;9-起动机;10-飞轮;11-油底壳;12-曲轴;13-曲轴正时带轮;14-正时齿形带;15-曲轴箱;16-连杆;17-活塞;18-冷却液套;19-汽缸;20-汽缸盖;21-凸轮轴正时带轮;22-摇臂;23-排气门;24-凸轮轴

汽缸19内装有活塞17,活塞通过活塞销、连杆16与曲轴12相连接。活塞在汽缸内作往复运动,通过连杆推动曲轴转动。为了吸入气体和排出废气,设有进气门6和排气门23。

2. 发动机的常用术语

图2-2为单缸发动机构造简图,描述发动机工作的基本术语有:

上止点(TDC):活塞离曲轴回转中心最远处。

下止点(BDC):活塞离曲轴回转中心最近处。

活塞行程(S):上、下止点间的距离(mm)。

曲柄半径(R):与连杆下端(即连杆大头)相连的曲柄销中心到曲轴回转中心的距离(mm)。显然,$S = 2R$。曲轴每转一周,活塞移动两个行程。

汽缸工作容积(V_h):活塞从上止点到下止点所让出的空间容积(L)。

$$V_h = \pi D^2 S/4 \times 10^6 \quad (L)$$

式中:D——汽缸直径(mm)。

发动机排量(V_L):发动机所有汽缸工作容积之和(L)。设发动机的汽缸数为i,则

$$V_L = V_h i \quad (L)$$

燃烧室容积(V_c):活塞在上止点时,活塞上方的空间称为燃烧室,它的容积称为燃烧室容积(L)。

汽缸总容积(V_a):活塞在下止点时,活塞上方的容积称为汽缸总容积(L)。它等于汽缸工作容积与燃烧室容积之和,即:

$$V_a = V_h + V_c$$

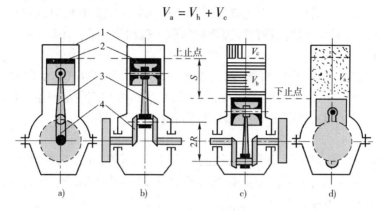

图2-2 发动机基本术语示意图
1-汽缸盖;2-活塞;3-连杆;4-曲轴

压缩比(ε):汽缸总容积与燃烧室容积的比值,即:

$$\varepsilon = V_a/V_c = 1 + V_h/V_c$$

它表示活塞由下止点运动到上止点时,汽缸内气体被压缩的程度。压缩比越大,压缩终了时汽缸内的气体压力和温度就越高,因而发动机发出的功率就越大,经济性越好。一般车用汽油机的压缩比为8~10,柴油机的压缩比为15~22。

发动机的工作循环:在汽缸内进行的每一次将燃料燃烧的热能转化为机械能的一系列连续过程(进气、压缩、作功和排气)称为发动机的工作循环。

3. 发动机总体构造

现代汽车发动机是一部由许多机构和系统组成的复杂机器,其结构类型多种多样,其具体构造也千差万别,但由于基本工作原理相同,所以其基本结构也就大同小异。就往复活塞式发动机而言通常由曲柄连杆、配气两大机构和燃料供给、润滑、冷却、起动四大系统组成,如果是汽油机还应有点火系统,如果是增压发动机则还应有增压系统。

1)曲柄连杆机构

曲柄连杆机构是由机体、活塞连杆组和曲轴飞轮组三部分组成,其作用是将燃料燃烧所产生的热能,经机构由活塞的直线往复运动转变为曲轴旋转运动而对外输出动力。机体还是发动机各个机构、各个系统和一些其他部件的安装基础,并且机体许多部分还是配气机构、燃料供给系统、冷却系统和润滑系统的组成部分。

2)配气机构

配气机构是由气门组和气门传动组两部分组成。其作用是按照发动机各缸工作顺序和工作循环的要求,定时地将各缸进排气门打开或关闭,以便发动机进行换气过程。

3)燃料供给系统

汽油机燃料供给系统和柴油机燃料供给系统由于供油系统和燃烧过程不同,在结构上有很大区别,汽油燃料供给系统多采用电子控制汽油喷射式,它是由空气供给系统、燃油供给系统和电子控制系统组成,其作用是根据发动机不同工况的要求,配制一定数量和浓度的可燃混合气,供入汽缸,并在燃烧作功后将燃烧后的废气排至大气中。

柴油机燃料供给系统由燃油箱、低压油泵、高压油泵、柴油滤清器、电控喷油器、进排气管和排气消声器等组成,其作用是向汽缸内供给纯空气并在规定时刻向缸内喷入定量柴油,以调节发动机输出功率和转速,最后,将燃烧后的废气排出汽缸。

4) 冷却系统

冷却系统有水冷式和风冷式两种,现代汽车一般都采用水冷式。水冷式由水泵、散热器、风扇、节温器和水套(在机体内)等组成,其作用是利用冷却液冷却高温零件,并通过散热器将热量散发到大气中去,从而保证发动机在正常温度状态工作。

5) 润滑系统

润滑系统由机油泵、限压阀、集滤器、机油滤清器、限压阀、油底壳等组成。其作用是将润滑油分送至各个摩擦零件的摩擦面,以减小摩擦力,减少机件磨损,并清洗、冷却摩擦表面,从而延长发动机使用寿命。

6) 起动系统

起动系统由起动机和起动继电器等组成,其作用是带动飞轮旋转以获得必要的动能和起动转速,使静止的发动机起动并转入自行运转状态。

7) 点火系统

汽油机点火系统由电源(蓄电池和发电机)、点火线圈和火花塞等组成,其作用是按一定时刻向汽缸内提供电火花以点燃缸内可燃混合气。

二、曲柄连杆机构

1. 功用与组成

曲柄连杆机构是内燃机完成工作循环、实现能量转换的传动机构。它在作功行程中把活塞的往复运动转变成曲轴的旋转运动;而在进气、压缩、排气行程中又把曲轴的旋转运动转变为活塞的往复直线运动。因此曲柄连杆机构的功用是:将燃料燃烧时产生的热能转变为活塞往复运动的机械能,再通过连杆将活塞的往复运动变为曲轴的旋转运动而对外输出动力。

曲柄连杆机构由机体组、活塞连杆组和曲轴飞轮组3部分组成。

2. 机体组

机体组(图2-3)是发动机的骨架,也是发动机各机构和各系统的安装基础,其内、外安装着发动机的所有主要零件和附件,承受各种荷载。

1) 汽缸体

汽缸体是汽缸的壳体,曲轴箱是支承曲轴作旋转运动的壳体,二者组成了发动机的机体。水冷式发动机的汽缸体和曲轴箱常铸成一体,称为缸体。汽缸体上半部有若干个为活塞在其中运动导向的圆柱形空腔,称为汽缸。下半部为支承曲轴的曲轴箱,其内腔为曲轴运动的空间。作为发动机各个机构和系统的装配基体,还要承受高温高压气体作用力,活塞在其中作高速往复运动,因而要求汽缸体应具有足够的刚度和强度。汽缸内壁经过精加工,其工作表面的粗糙度、形状和尺寸精度都比较高。

2) 汽缸盖

汽缸盖用来密封汽缸的上部,与活塞、汽缸等共同构成燃烧室。汽缸盖的燃烧室壁面同汽缸一样承受燃气所造成的热负荷及机械负荷,由于它接触温差很大的燃气时间较缸体时间长,因而汽缸盖承受的热负荷更甚于汽缸体。

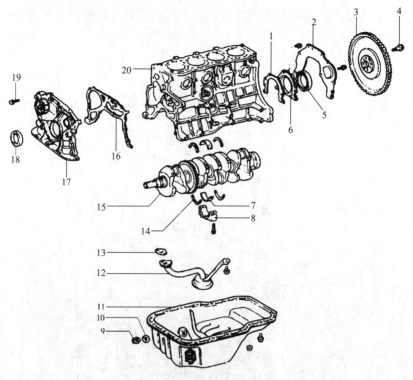

图 2-3　汽缸体总成

1、10、13、16-衬垫;2-后端板;3-飞轮;4-螺栓;5-曲轴后油封;6-后油封挡圈;7-主轴承;8-主轴承盖;9-放油塞;11-油底壳;12-机油集滤器;14-推力片;15-曲轴;17-正时齿轮罩;18-曲轴前油封;19-螺栓;20-汽缸体

汽缸盖的结构随气门的布置、冷却方式以及燃烧室的形状而异。顶置气门式汽缸盖设有冷却液套(水冷式发动机)或散热片(风冷式发动机)、燃烧室、进排气道及气门导管孔和进排气门座等,汽油机汽缸盖还设有火花塞孔,而柴油机的汽缸盖设有安装喷油器的座孔。上置凸轮轴式发动机的汽缸盖上还有用以安装凸轮轴的轴承座。图 2-4 为汽缸盖总成分解图。

目前,铝合金铸造的缸盖有取代铸铁缸盖的趋势,如桑塔纳、捷达等轿车发动机均采用铝合金材料铸造而成的整体式汽缸盖。因铝的导热性比铸铁好,有利于提高压缩比,以适应高速高负荷强化汽油机散热及提高压缩比的需要。铝合金汽缸盖的缺点是刚度低,使用中容易变形。

3)汽缸垫

汽缸盖与汽缸体之间置有汽缸盖衬垫,其功用是填补汽缸体与缸盖结合面上的微观孔隙,保证结合面处有良好的密封性,进而保证燃烧室的密封,防止汽缸漏气和水套漏水。

随着内燃机的不断强化,热负荷和机械负荷均不断增加,汽缸垫的密封性越来越重要,对结构和材料的要求是:在高温高压和高腐蚀的燃气作用条件下具有足够强度,耐热;不烧损或变质,耐腐蚀;具有一定弹性,能补偿接合面的平面度,以保证密封;使用寿命长。

目前应用较多的汽缸垫有金属-石棉汽缸垫、实心金属片汽缸垫。

4)气门室罩

在汽缸盖上部有起封闭和密封作用的气门室罩,气门室罩结构比较简单,一般用薄钢板冲压(或铸铝)而成,上设有加注机油用的注油孔。气门室罩与汽缸盖之间设有一密封垫。

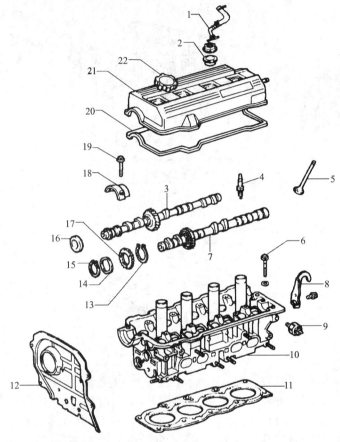

图2-4 汽缸盖总成分解图

1-橡胶密封垫;2-曲轴箱通风阀和软管;3-进气凸轮轴;4-火花塞;5-气门;6-缸盖螺栓;7-排气凸轮轴;8-发动机吊钩;9-机油压力传感器;10-汽缸盖;11-汽缸垫;12-正时齿形带罩;13、15-卡簧;14-波形垫圈;16-油封;17-凸轮轴齿形带轮;18-凸轮轴轴瓦;19-螺栓;20-衬垫;21-气门室罩;22-加机油盖

5)油底壳

油底壳的主要功用是储存和冷却机油并封闭曲轴箱。在最低处设有放油螺塞,以便放出润滑油,有的放油螺塞还带有磁性,可以吸附润滑油中的铁屑,以减小发动机的磨损。为了防止汽车振动时油底壳油面产生较大的波动,在油底壳的内部设有稳油挡板。

由于油底壳受力很小,一般用薄钢板冲压而成,有些铝合金油底壳还带有散热片。曲轴箱与油底壳之间为了防止漏油,其间装有软木衬垫,也有涂密封胶来防止漏油。

3. 活塞连杆组

活塞连杆组(图2-5)的功用是将活塞的往复运动转变为曲轴旋转运动,同时将作用于活塞上的力转变为曲轴对外输出的转矩,以驱动汽车车轮转动。

1)活塞

活塞的功用是与汽缸盖、汽缸壁等共同组成燃烧室,承受气体压力,并将此力通过活塞销传给连杆,以推动曲轴旋转。

汽车发动机目前广泛采用的活塞材料是铝合金。铝合金活塞具有质量小(约为同样结构的铸铁活塞的50%~70%)、导热性好(约为铸铁的三倍)的优点。因此铝合金活塞工作温度低,温度分布均匀,对减小热应力、改善工作条件和延缓机油变质都十分有利。铝合金的缺点是热膨胀系数大,另外当温度升高时,其机械强度和硬度下降较快。通过结构设计和调整材料配方等措施可以弥补这些缺陷。

2) 活塞环

按照功用,活塞环可分为气环和油环两类。

气环用来密封活塞与汽缸壁的间隙,防止汽缸内的气体窜入油底壳,以及将活塞头部的热量传给汽缸壁,再由冷却液或空气带走。一般发动机的每个活塞装有2~3道气环。

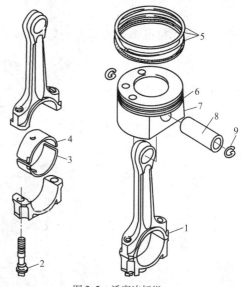

图2-5 活塞连杆组
1-连杆;2-连杆螺栓;3、4-连杆轴瓦;5-活塞环;6-活塞环槽;7-活塞裙部;8-活塞销;9-卡簧

油环用来刮走汽缸壁上多余的机油,并在汽缸壁上涂一层均匀的机油膜,可以防止机油窜入燃烧室燃烧,又可以减小活塞、活塞环与汽缸的磨损和摩擦阻力。此外,油环也起到密封的辅助作用。通常发动机有1~2道油环。

3) 活塞销

活塞销用来连接活塞和连杆小头,并把活塞所受的气体压力传给连杆。

活塞销是在承受大小和方向都不断变化的冲击性荷载下工作的。同时,由于是作低速摆转运动,不易建立油膜,故润滑条件较差。

活塞销的基本结构为一厚壁管状体,也有的按等强度要求做成变截面结构。

活塞销的材料一般为低碳钢或低碳合金钢,再经表面渗碳或氰化处理,这样既有较高的表面硬度、耐磨性好、刚度、强度高,又有软的芯部,耐冲击性能好。

4) 连杆

连杆的功用是连接活塞与曲轴,将活塞承受的力传给曲轴,把活塞的往复运动变为曲轴的旋转运动。

连杆可分为小头、杆身和大头三部分。

连杆小头用来安装活塞销,以连接活塞。活塞销为全浮式的连杆小头孔内,压有青铜衬套或铁基粉末冶金衬套。为了润滑活塞销和衬套,在小头和衬套上设有集油孔或铣出集油槽用来收集发动机运转时飞溅上来的机油,以便润滑。有的发动机连杆小头采用压力润滑,在连杆杆身内钻有纵向的压力油道。半浮式活塞销与连杆小头是紧配合,所以小头孔内不需要衬套,也不需要润滑。

现代发动机所用连杆轴承是由钢背和减磨层组成的分开式薄壁轴承。钢背由厚1~3mm的低碳钢制成,是轴承的基体,减磨层是由浇铸在钢背内圆上厚为0.3~0.7mm的薄层减磨合金制成,减磨合金具有保持油膜,减少摩擦阻力和易于磨合的作用。为适应连杆轴承的工作条件,要求减摩合金有足够的疲劳强度,有良好的抗咬性、顺应性、嵌藏性,有足够的结合强度和良好的耐磨性。

4. 曲轴飞轮组

曲轴飞轮组的组成如图2-6所示。

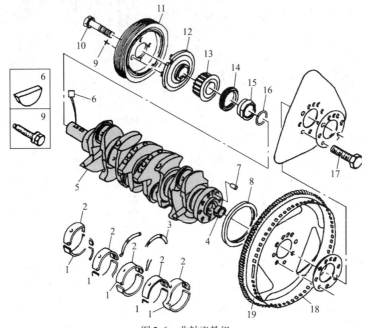

图2-6 曲轴飞轮组

1、2-主轴瓦;3-止推片;4-轴承;5-曲轴;6-半圆键;7-定位销;8-曲轴后油封;9、10、17-螺栓;11-带轮;12-扭转减振器总成;13-正时齿轮;14-油封;15-密封环;16-密封圈;18-曲轴位置和转速传感器脉冲盘;19-飞轮

1) 曲轴

曲轴是发动机中最重要的零件之一。曲轴的功用是承受连杆传来的力,并将其转变为转矩,然后通过飞轮输出,另外,还用来驱动发动机的配气机构及其他辅助装置(如发电机、风扇、水泵、转向油泵、平衡轴机构等)。

曲轴通过主轴承(大瓦)、轴承盖支撑在汽缸体上,采用空心结构内有润滑油道,以便润滑主轴承,曲轴两端伸出缸体部分采用整体式密封圈密封。曲轴曲拐的布置形式与发动机工作顺序有关,四缸发动机一般为 1-3-4-2,六缸为 1-5-3-6-2-4。

2) 飞轮

飞轮是一个转动惯量很大的圆盘,其主要功用是将在作功行程中输入于曲轴的动能的一部分储存起来,用以在其他行程中克服阻力,带动曲柄连杆机构越过上、下止点,保证曲轴的旋转角速度和输出转矩尽可能均匀,并使发动机有可能克服短时间的超荷载。此外,飞轮又往往用作摩擦式离合器的驱动件。

飞轮多采用灰铸铁制造,外缘上压有一个齿圈,可与起动机的驱动齿轮啮合,供起动发动机用。

三、配气机构

配气机构的功用是按照发动机各缸工作过程的需要,定时地开启和关闭进、排气门使可燃混合气或空气及时进入汽缸,废气及时排出汽缸。

吸入的可燃混合气或空气越多,发动机发出的功率和转矩越大。可燃混合气或空气充满汽缸的程度,常用充气效率表示,也称充气系数。对于一定工作容积的发动机而言,充气效率与进气终了时汽缸内的压力和温度有关。进气终了压力越高,温度越低,则一定容积的气体质量就越大,表明充气效率越高。

1. 气门式配气机构的组成

气门式配气机构多采用顶置式气门,即进、排气门位于汽缸盖内,倒挂在汽缸顶上(顶置式气门)。气门式配气机构由气门组和气门传动组两部分组成(图2-7)。

当汽缸的工作循环需要将气门打开进行换气时,由曲轴通过正时齿轮驱动凸轮轴旋转,使凸轮轴上的凸轮凸起部分通过挺柱、推杆、调整螺钉,推动摇臂摆转,摇臂的另一端便向下推开气门,同时使弹簧进一步压缩。当凸轮的凸起部分的顶点转过挺柱以后,便逐渐减小了对挺柱的推力,气门在其弹簧张力的作用下,开度逐渐减小,直至最后关闭,进气或排气过程即告结束。压缩和作功行程中,气门在弹簧张力作用下严密关闭,使汽缸密闭。

车用发动机的高速、强化、低排放等特点,要求配气机构不断改善换气性能和提高高速适应性。配气机构随着内燃机的发展出现了多种配气机构形式。

2. 气门式配气机构的布置形式

(1)按凸轮轴的布置位置,可分为凸轮轴下置式、凸轮轴中置式和凸轮轴上置式。

(2)按曲轴和凸轮轴的传动方式,可分为齿轮传动式、链条传动式和齿形带传动式。

(3)按每缸气门数目,有二气门式(一进一排)、三气门式(二进一排)、四气门式(二进二排)和五气门式(三进二排)。

上置凸轮轴式配气机构中的凸轮轴布置在汽缸盖上,凸轮轴直接通过摇臂或挺柱驱动气门,使往复运动件的质量大大减小,因此它适用于高速发动机,如图2-8所示。

由于四冲程发动机每完成一个工作循环,曲轴转两圈,而各缸只进、排气一次,即凸轮轴只需转一圈,所以曲轴与凸轮轴的传动比为2:1。

采用液力挺柱的发动机不需要调整气门间隙。

3. 进气系统

进气系统用于将新鲜空气过滤后送入汽缸(柴油机),或与燃料混合后送入汽缸(汽油机)。

普通汽油机的进气系统主要由空气滤清器、进气歧管等组成。在空气滤清器与进气歧管之间装有燃油供给装置。柴油机的燃油直接喷入汽缸,因此,空气滤清器与进气歧管之间直接用进气管相连。汽油机的进气系统如图2-9所示。

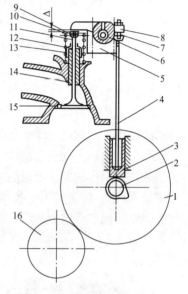

图2-7 配气机构的组成
1-凸轮轴正时齿轮;2-凸轮轴;3-挺柱;4-推杆;5-摇臂轴支架;6-摇臂轴;7-调整螺钉及锁紧螺母;8-摇臂;9-气门锁片;10-气门弹簧座;11-气门;12-防油罩;13-气门弹簧;14-气门导管;15-气门座;16-曲轴正时齿轮;Δ-气门间隙

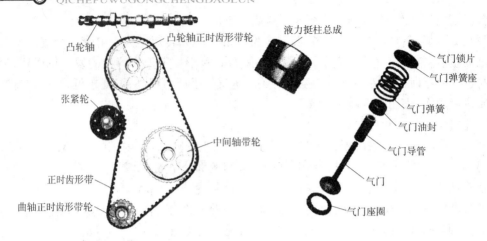

图 2-8 上置凸轮轴式配气机构

1) 空气滤清器

空气滤清器的功用主要是滤除空气中的杂质或灰尘,让洁净的空气进入汽缸。另外,空气滤清器也有消减进气噪声的作用。

汽车发动机上的空气滤清器有油浴式和纸滤芯式等结构形式。油浴式空气滤清器用于多尘条件下工作的发动机,如越野车发动机;纸滤芯空气滤清器具有质量轻、成本低和滤清效果好等优点,广泛应用于各种汽车发动机。纸滤芯空气滤清器一般由进气管组件、滤清器外壳和纸质滤芯等组成(图2-10)。

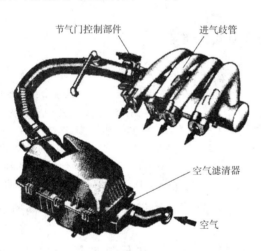

图 2-9 进气系统

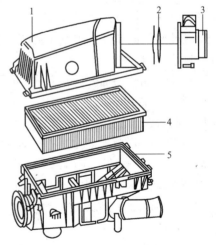

图 2-10 纸滤芯空气滤清器
1-空气滤清器盖;2-密封圈;3-空气流量计;
4-滤芯;5-空气滤清器壳体

2) 进气歧管

进气歧管是把进气分配给各缸的通道。进气歧管用螺栓固定安装在缸盖的侧面。采用香蕉型结构(图2-9),采用铝合金材料或塑料等材料制成。

3) 废气涡轮增压器

现代柴油发动机和缸内直喷的汽油机为了提高进气量,在进气系统中装有增压器以提高充气压力。这种增压器由涡轮和压气机组成,装在排气管路的称为废气涡轮(或动力涡轮),装在进气管路的称为压气机。发动机排出的废气推动废气涡轮高速转动,由此带动与它同轴安装的压气机。把进气压力提高,当进气门打开时,把空气压入汽缸。带有增压器的发动机可使充入汽缸的空气量提高,因而可提高发动机的功率,由于压缩比增大,因此燃烧效率提高,油耗降低。同时还将废气的部分能量回收利用,进一步提高了发动机的效率。

发动机的进气经过增压后,温度也随之上升,这就使实际进入汽缸的空气量(质量)比常温时减少。为解决这一问题,有的柴油机在增压器后面串联一个冷却器,用空气或水对升温的空气进行冷却,这种装置称为中冷器。装有中冷器的发动机又可进一步提高进气量。

4. 排气系统装置

排气系统装置(图2-11)用于将燃烧后废气排出机外,减小排气噪声,并对废气进行净化。

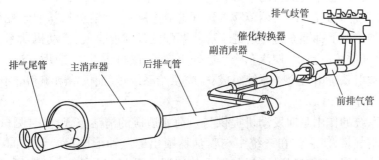

图2-11 排气系统装置

排气歧管像进气歧管一样,安装于缸盖的一侧,其作用是收集各缸排气,集中到排气管。为了不使各缸排气相互干扰,以及不出现排气倒流现象,按点火次序先后点火作功的两汽缸的排气歧管不能过早合流,而且各排气歧管要有足够的长度。消声器通过逐渐降低排气压力和衰减排气压力的脉动来消减排气噪声,消除废气中的火焰及火星,使废气安全地排入大气。

汽车发动机排放的废气中的有害成分主要有:一氧化碳(CO)、氮氧化物(NO_x)、碳氢化合物(HC)、二氧化硫(SO_2)和炭黑等。汽车废气对人体和大气环境产生严重危害。如CO会引起人类神经中毒,HC是致癌物质,NO_x对呼吸系统有强烈刺激,SO_2会形成酸雾、酸雨。这些有害成分还会产生温室效应,破坏大气层等。

废气净化通常有发动机机内净化和机外净化两种途径。机内净化是指改善混合气的品质和燃烧状况,使排气中的有害成分减至最少。汽油机采用电控汽油喷射系统取代化油器系统可有效减少排气中的有害成分。机外净化是指用设置在发动机外部的排气净化装置改变废气的成分,三元催化转换器就是使用最普遍的汽油机机外废气净化装置。

三元催化转换器串联在排气歧管与消声器之间,内装有用陶瓷或金属制成的蜂窝状催化体,上面涂有含催化剂的涂层。催化剂一般为贵金属,如铂(Pt)、铑(Rh)和钯(Pd)。催化剂的作用是使CO和HC产生氧化反应,使NO_x产生还原反应,反应后变成无害的CO_2、N_2、和H_2O。这种催化转换器因能净化三种主要有害成分,所以称为三元催化转换器。汽车上装用三元催化转换器后必须安装氧浓度传感器,用以检测排气中的氧含量,以便对供油量进行调节。因为三元催化转换器对标准浓度混合气燃烧产生的废气才具有良好的净化效果。

四、发动机燃料供给系统

1. 汽油机燃料供给系统

汽油在汽缸内燃烧,需先形成雾状,并进行适当蒸发,与适量空气均匀混合。这种按一定比例混合的汽油与空气的混合物,称为可燃混合气。可燃混合气中燃油含量的多少称为可燃混合气的浓度(成分)。

汽油机燃料供给系统的作用是:不断地输送滤清的燃油和清洁的空气,根据发动机各种不同工作情况的要求,配制出不同的可燃混合气,进入汽缸燃烧,作功后将废气排入大气。

现代汽车汽油发动机广泛采用电控汽油喷射式燃料供给系统,它是利用安装在发动机不同部位上的各种传感器所测得的信号,按电子控制单元(电控单元、ECU)中设定的控制程序,通过对汽油喷射时间的控制,调节喷入进气管或汽缸中的喷油量,从而改变混合气成分,使发动机在各种工况下都能获得与所处工况相匹配的最佳混合气,发动机功率得到提高,燃油消耗降低,废气排放量减少,使汽车冷车起动更容易,暖机更迅速,应用广泛。

电控汽油喷射系统由三个子系统组成:空气供给系统、燃油供给系统和电子控制系统。

1) 空气供给系统

空气供给系统的作用是向发动机提供与负荷相适应的清洁空气,同时测量和控制进入发动机汽缸的空气量,使它们在系统中与喷油器喷出的汽油形成符合要求的可燃混合气。主要包括空气滤清器、空气流量计(进气压力传感器)、节气门体、怠速控制阀、进气歧管等。在节气门体中有一正圆形的节气门,由驾驶员直接或间接控制其开度大小,改变进入发动机控制空气量的多少,达到改变发动机动力性的目的,如图2-12所示。

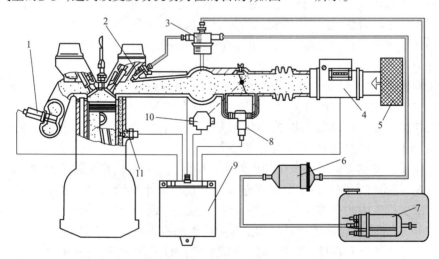

图 2-12 电控汽油喷射系统组成

1-氧传感器;2-喷油器;3-油压调节器;4-热线式空气流量计;5-空气滤清器;6-汽油滤清器;7-电动汽油泵;8-怠速空气调节器;9-电控单元;10-节气门位置传感器;11-冷却液温度传感器

2) 燃油供给系统

燃油供给系统的功用是用电动汽油泵向喷油器提供足够压力的汽油,喷油器根据来自

ECU 的控制信号,向进气歧管内进气门上方喷射定量的汽油。主要包括汽油箱、电动汽油泵、汽油滤清器、压力调节器、分配管、喷油器、油管等。

3）电子控制系统

电子控制系统的主要作用是根据发动机和汽车不同的运行工况,对喷油时刻、喷油量以及点火时刻等进行确定和修正,检测各传感器的工作,并将工作参数储存和输出。主要包括传感器、开关信号、电控单元和执行器等。

2. 柴油机的燃油供给系统

柴油黏度大,挥发性差,不能用在汽缸外部与空气混合形成满足燃烧要求的可燃混合气。因此,采用高压共轨喷射系统,用喷油泵和喷油器将高压柴油(20MPa 以上)喷入汽缸,喷出的柴油呈油雾状,瞬间即与空气混合成可燃混合气,并自行燃烧作功。

柴油发动机高压共轨喷射系统由三个子系统组成:空气供给系统、燃油供给系统和电子控制系统,其基本原理与电控汽油喷射系统相同,如图 2-13 所示。

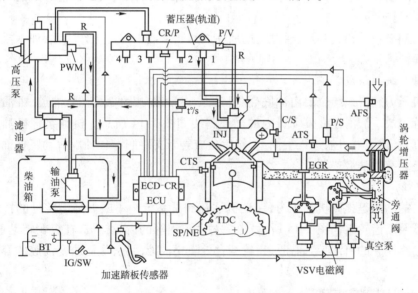

图 2-13 柴油机高压共轨喷射系统 ECD-CR

BT-蓄电池;AFS-空气流量计;ATS-进气温度传感器;CTS-冷却液温度传感器;P/S-增压传感器;TDC-上止点;INJ-喷油器;CR/P-轨道压力传感器;PWM-油压控制阀;IG/SW-点火开关;C/S-凸轮轴传感器;P/V-限压阀;SP-转速、转角传感器;NE-曲轴位置传感器;EGR-废气再循环阀;t°/s-油温传感器;1、2、3、4-流量限制阀;R-回油管

燃油供给系统由低压油路和高压油路组成。

(1)低压油路:由油箱、输油泵、滤油器、输油管等组成完成柴油的滤清、升压功能。

(2)高压油路:由高压油泵、高压蓄压器(轨道)、轨道压力传感器、压力限制阀、流量限制阀、喷油器等组成,完成升压,根据发动机工况控制喷油量的作用。

每一个喷油器通过各自的高压油管与轨道相连,轨道对喷油器起到液力蓄压作用。工作时,高压油泵以高压将燃油输送到轨道,高压油泵、压力传感器和 ECU 组成闭环工作。其优点是:喷油正时与燃油计量完全分开,喷油压力和喷油过程由 ECU 适时控制;可依据发动机工作状况去调整各缸喷油压力、喷油始点、持续时间,从而达到喷油的最佳控制点;能实现很高的喷油压力,提高发动机的动力性、经济性,减小排放污染和振噪感。

五、润滑系统

1. 润滑系统的功用及润滑方式

润滑系统的主要功用就是将润滑油不断地输送到各摩擦表面,减小摩擦和磨损。此外,润滑系统还起到防腐、密封、清洁和冷却的作用。需要润滑的表面一般都是精密表面,润滑油膜可以有效地防止氧化和锈蚀;活塞与缸壁之间的润滑油又加强了密封性;流动的润滑油带走了摩擦表面的屑末、污垢和热量,又起到了清洁和冷却的作用。

发动机的润滑方式有压力润滑、飞溅润滑和润滑脂润滑三种。

压力润滑:压力润滑是将具有一定压力的润滑油强制送到各润滑表面的缝隙内,形成油膜,以达到减磨目的。

飞溅润滑:飞溅润滑是利用运动部件(主要是曲轴的曲拐和平衡块)工作时打击润滑油,飞溅起来的油滴和油雾吸附在摩擦表面而起到润滑作用。采用飞溅润滑方式的有活塞与汽缸壁、凸轮与挺杆等。

润滑脂润滑:润滑脂润滑是通过定期加注润滑脂来润滑零件工作表面,如水泵及发电机轴承等的润滑。

2. 润滑系统的组成

发动机压力润滑系统主要由油底壳、机油泵、集滤器、机油滤清器、油道、机油压力表和机油标尺等组成。润滑油在发动机内的循环路线如图2-14所示。机油泵把机油从集滤器吸入,加压后经滤清器过滤进入主油道,然后分成若干支路润滑各轴承滑动工作面。有的大型发动机还装有机油散热器。

1)机油泵

机油泵的功用是提高机油压力,保证机油在润滑系统内不断循环。常见的机油泵有齿轮泵和转子泵。齿轮泵如图2-15所示,由一对大小相等的齿轮构成,在齿轮转动过程中,两齿轮的齿槽将左腔的机油带入右腔,齿轮啮合处阻止油液回流,从而改变油腔的容积实现泵油作用。

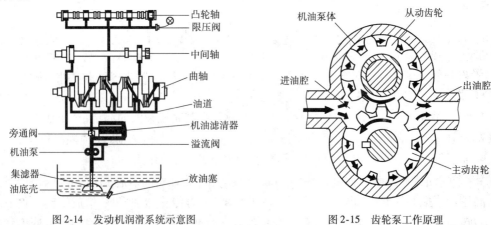

图2-14 发动机润滑系统示意图　　图2-15 齿轮泵工作原理

2)集滤器与机油滤清器

集滤器装在机油泵进油管的进油口上,其上的金属丝网起着第一级过滤作用,防止机油中较大的杂质进入机油泵。机油滤清器起着滤除机油中的各种微粒杂质的作用。滤芯有纸质、金属质等各种形式。纸滤芯机油滤清器由于价格低廉、滤清效果好而被广泛使用。为防止滤清器过脏堵塞机油通过,滤清器内设有与滤芯并联的旁通阀。当滤芯堵塞严重时,机油推开旁通阀进入主油道,以免主油道断油,从而保证发动机得到可靠的润滑。

3) 油底壳

油底壳是盛放润滑油的容器,还起着冷却润滑油的作用,安装在缸体下面。一般都是由钢板冲压而成,有的大型发动机采用铸造油底壳,壳体上带有散热肋片。

4) 油道与油尺

油道是在缸体、缸盖上铸出或在零件上(如曲轴)钻出的润滑油的通道。油尺是插进油底壳里的带有刻度标记的尺杆,用来检查油底壳里的机油存量和查看机油的颜色、黏度,判断机油的存量和质量。

六、冷却系统

1. 冷却系统的功用及冷却方式

发动机在正常工作时,燃烧室及附近零部件的温度可高达2000℃以上,若不及时加以冷却,则将导致零件的损坏,燃烧效率下降,甚至引起致命故障。要保证发动机正常工作,必须对发动机高温零部件进行冷却。发动机冷却系统的功用就是根据发动机的工况对发动机进行适度的冷却,从而保持发动机在最适宜的温度范围内(85~95℃)工作。

发动机的冷却方式有风冷式和水冷式两种。风冷式是直接利用空气对发动机的缸体、缸盖等高温零件进行冷却。水冷式是用水作介质,让循环水流经燃烧室附近带走热量,再在发动机外对冷却液进行冷却。风冷式结构简单但冷却效果不佳,故通常只在摩托车发动机上使用,汽车上广泛使用的是水冷式。

2. 冷却系统的组成

水冷式冷却系统如图2-16所示。

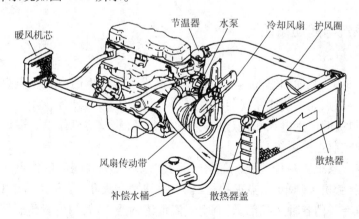

图2-16 汽车发动机水冷系统组成

1) 散热器

冷却液在散热器中得到冷却,散热芯是由导热性能良好的铜、铝材料制成。为防止散热器内压力过高或过低而损坏散热器,在散热器盖内设有压力阀和真空阀。发动机工作时,冷却液温度和压力升高,当散热器内的压力超过预定值时,压力阀开启,一部分冷却液流出散热器进入补偿水桶,以防止冷却液胀裂散热器。当发动机停机后,散热器内的压力降到大气压力以下出现真空时,真空阀开启,补偿水桶内的冷却液部分地流回散热器,可以避免散热器被大气压力压坏。

2)水泵

水泵的作用是强制冷却液循环流动。汽车发动机使用的大多是离心式水泵。离心式水泵的特点是尺寸小、流量大、结构简单和成本较低。

3)风扇

风扇紧靠在散热器的后面,风扇与水泵由曲轴前端的皮带轮驱动,或由电动机驱动。与普通风扇不同的是汽车风扇在转动时向内吸风。有的汽车在风扇的叶片与带轮之间装有风扇离合器。当冷却液温度较低时(如低于70~75℃时),离合器自动脱开,扇叶停止转动或转速很慢,以使发动机尽快升温,或保持发动机的温度。

4)节温器

节温器是控制冷却液流动路径的阀门,它根据冷却液温度高低,自动打开或关闭冷却液通道。汽车上广泛采用的是蜡式节温器,可根据发动机温度变化,自动控制冷却液流动路径。

5)冷却液

发动机不应使用普通自来水,都要使用冷却液。特别是在北方冬季,普通自来水因温度低而冻结,将损坏散热器和发动机。冷却液是在去除了钙、镁离子的软水中加入有机溶液和防腐溶液配成的专用液体。冷却液价格较贵,容易蒸发失。为防止其散失,在散热器上方设置一个补偿水桶。补偿水桶里装有半桶冷却液,其上有水管通往散热器。由于补偿水桶在整个冷却液路中所处位置最高,且常布置在温度较低处,故所有蒸发了的冷却液蒸汽都上升到补偿水桶里,冷凝成液体后再进入循环。这种封闭式的冷却系统可以较长时间不更换冷却液。

七、点火系统与起动系统

1. 点火系统

在汽油发动机中,燃油和空气的混合气是由点火系统产生的电火花点燃的。为了适应发动机的工作,要求点火系统能在规定的时刻,按发动机的点火次序供给火花塞足够能量的高压电,使其两电极间产生电火花,点燃缸内的混合气,使发动机作功。现代汽车的点火系统普遍采用电子控制点火系统。

电子控制点火系统有多种类型,下面介绍每缸一个点火线圈的电控点火系统。电控点火系统由传感器、微机控制单元、点火执行器、点火线圈和火花塞组成(图2-17)。传感器用来监测与发动机有关的各种工况信息,有空气流量传感器、节气门位置传感器、车速传感器、曲轴基准位置传感器、曲轴角度和转速传感器以及其他工况信号。将这些信号送入微机控制单元进行分析处理,迅速得出需要点火的汽缸位置,以及最佳点火时刻。点火时刻的早晚随汽车运行工况而变化,点火时刻偏早或偏晚都将造成发动机功率下降、排放污染增大。微机控制单元发出控制指令给点火执行器,点火执行器由晶体管电路组成,根据点火控制指令将要求点火汽缸的点火线圈电路接通和断开,产生高压电,使对应的火花塞在最佳时刻点火。

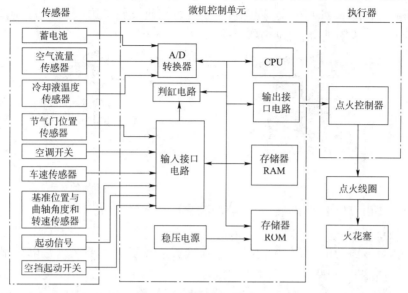

图2-17 电控点火系统原理框图

点火线圈可与火花塞组装在一起,点火线圈又称为变压器,其功用是将12V或24V的低压直流电转变成15~20kV的高压直流电,其内部有铁芯、一次绕组(低压绕组)和二次绕组(高压绕组)。当一次绕组中通入低压电时,电流在点火线圈中积聚能量,当一次绕组中的电流被切断时,电磁感应使点火线圈的二次绕组中感应出高压电,如图2-18所示。

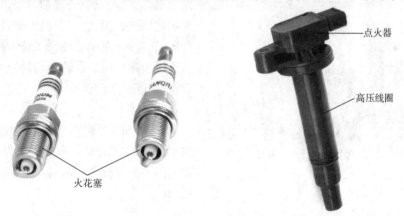

图2-18 火花塞与点火器、高压线圈

火花塞由中心电极和侧电极组成,其头部的两电极之间有一小间隙,高压电击穿间隙时产生电火花。火花塞安装在汽缸盖上,火花塞的头部伸入到燃烧室中,用来将点火线圈产生的高压电引入燃烧室,点燃缸内的可燃混合气。

电控点火系统的点火时刻控制精确,点火可靠度高,故障率低,能使发动机的动力性、经济性都大为提高,排放污染大大降低。

2. 发动机起动系统

用外力矩带动静止的发动机曲轴旋转,直到曲轴达到能保证进气、压缩、做功和排气各行程顺利进行的转速,使发动机进入自行运转的过程称为起动。现代汽车发动机都采用起动机起动,起动机如图 2-19 所示。起动机安装在发动机飞轮旁边(图 2-20),起动机上的小齿轮与飞轮上的大齿圈啮合,将动力传给曲轴。

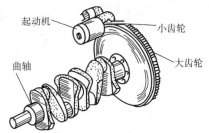

图 2-19　起动机　　　　　　　图 2-20　起动机的安装位置

起动机主要由直流电动机、传动机构和控制机构三部分组成。

1)直流电动机

起动机为直流电动机,汽车起动机与普通直流电动机的主要区别是电压很低(12V 或 24V),电流很大(200~600A)。

2)传动机构

起动机传动机构安装在电动机转子的延长轴上,用来起动发动机。转子前端装有一个可轴向移动的小齿轮。起动时,在控制机构电磁力作用下,将小齿轮向前推出,与飞轮的齿圈啮合。小齿轮与齿圈之间的传动比为 15~22 左右。为防止发动机起动后转速提高,反拖起动机高速转动,使起动机转子超速转动而发生破坏,在起动机的转轴与小齿轮之间设置有超速保护装置,也称为单向离合器。单向离合器只能传递由小齿轮到飞轮齿圈的力矩,而当飞轮齿圈反拖小齿轮转动时,小齿轮在轴上滑转,保证了起动机转子不会超速运转。

3)控制机构

起动机的控制机构也称为操纵机构,其作用是控制起动机主电路的通断和驱动转子轴上的小齿轮推出和退回,控制电路如图 2-21 所示。

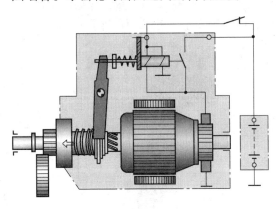

图 2-21　起动机控制电路

第二节　汽车底盘

汽车底盘接受发动机的动力,使汽车正常行驶。它包括传动系统、行驶系统、转向系统、制动系统四大部分。图 2-22 所示是发动机前置后轮驱动汽车的典型结构。

传动系统将发动机的动力传给驱动车轮。传动系统包括离合器、变速器、传动轴、主减速器、差速器和半轴等部分。

行驶系统支承整车质量,传递和承受路面作用于车轮上的各种力和力矩,缓和冲击,吸收振动,保证汽车在各种条件下正常行驶。行驶系统包括车架、悬架、车轴和车轮等部分。

转向系统使汽车按驾驶员选定的方向行驶。转向系统通常由转向操纵机构、转向器和转向传动机构组成,多数汽车还装有动力转向装置。

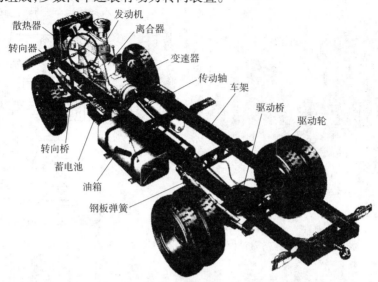

图 2-22　发动机前置后轮驱动汽车的结构

制动系统使汽车减速或停车,并保证汽车可靠地长时间停驻。制动系统包括制动器、控制装置、供能装置和传动装置等。

一、传动系统

1. 传动系统概述

传动系统是位于发动机与驱动轮之间的一套传递动力的装置。它的主要功用是:将发动机输出的动力传递给每一个驱动轮,并能改变动力的特性(转矩、转速和转向)以满足汽车各种行驶工况的需要;能随时接通和断开动力传递;能实现倒车。

发动机前置后轮驱动汽车的传动系统示意图如图 2-23 所示,载货汽车多采用这种传动系统。发动机发出的动力依次经过离合器、变速器、万向传动装置(包括万向节、传动轴)、主减速器、差速器和半轴传到驱动轮。

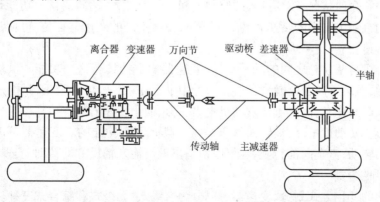

图 2-23　发动机前置后轮驱动的传动系统示意图

大多数轿车采用发动机前置前轮驱动的结构,如图2-24所示。其特点是变速器、主减速器和差速器等部件位于一个箱体内,结构紧凑。传动系统示意图如图2-25所示。

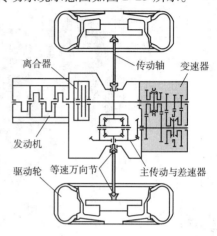

图2-24 发动机前置前轮驱动汽车的结构　　图2-25 发动机前置前轮驱动的传动系统示意图

2. 离合器

离合器安装在发动机与变速器之间,用于将两者接合以传递发动机的动力,并能随时将两者分离。它有如下三个功用:保证汽车平稳起步;中断发动机与传动系统的联系,保证换挡时工作平顺;限制所传递的转矩,防止传动系统过载。

汽车上广泛采用的是摩擦式离合器。发动机飞轮、离合器盖和压盘是离合器的主动件,与发动机曲轴相连。从动件是位于飞轮与压盘之间的从动盘,通过花键与输出轴相连。膜片弹簧通过压盘将从动盘紧压在飞轮端面上,发动机发出的转矩通过飞轮及压盘与从动盘接触面间的摩擦作用传给从动盘。当驾驶员踩下离合器踏板时,通过传动零件使膜片弹簧大端带动压盘右移,此时从动部分与主动部分分离,动力传递中断。在重新接通动力传递时,需要适当控制离合器踏板的抬起速度,让压盘逐渐压紧从动盘,使主动部分传给从动部分的转矩逐渐加大。在这个过程中,主动部分与从动部分之间会发生相对滑动。

3. 变速器

1)变速器的功用

根据道路和交通状况,改变汽车的驱动力和行驶速度,变速器的这一功能是通过换挡实现的。在发动机输出同样的转速和转矩条件下,使用不同的变速器挡位,可使汽车得到不同的驱动力和车速。

切断发动机与驱动轮之间的动力传递,变速器的空挡具有这一功能。虽然离合器也能切断动力传递,但由于离合器是常接合的,分离时必须踩下离合器踏板,只能短时间切断动力。若要较长时间停车,而又不让发动机熄火,必须使用变速器的空挡。

实现倒车。发动机不能倒转,而汽车是需要具有倒车功能的。变速器可以使输出轴与输入轴同方向转动,汽车向前行驶;也可以使输出轴与输入轴反方向转动,实现倒车。

2)变速器的分类

按传动比的变化方式划分,变速器可以分为有级式、无级式和综合式三种。

(1)有级式变速器。这种变速器有几个可选择的固定传动比,采用齿轮传动。又可分为齿轮轴线固定的普通齿轮变速器和部分齿轮轴线旋转的行星齿轮变速器两种。

（2）无级式变速器。这种变速器的传动比可以在一定范围内连续变化。

（3）综合式变速器。这种变速器由有级式变速器和无级式变速器共同组成。

有级式变速器采用手动操纵方式，也称为手动变速器，它是靠驾驶员直接操纵换挡杆进行换挡。无级式变速器和综合式变速器采用自动操纵方式，也称为自动变速器。驾驶员只需操纵加速踏板，变速器就可以根据发动机的负荷信号和车速信号来控制执行元件，实现挡位和传动比的自动变换。

3）普通齿轮变速器

在齿轮传动中，若小齿轮主动，大齿轮从动，则具有"减速增矩"作用。反之，若大齿轮主动，小齿轮从动，则具有"增速减矩"作用。

通过改变主动齿轮与从动齿轮的齿数，可以得到不同的传动比，也就是说在主动轮的输入转速和转矩不变的情况下，采用不同齿数的齿轮相互啮合传动，可以得到不同的输出转速和转矩。如果一个变速器内设有几组不同齿数的齿轮传动，该变速器便有几个不同的传动比，每个传动比就称为一个挡位。一般汽车具有3~6个挡位。

一般轿车变速器设2~5个前进挡，客车和货车设4~6个前进挡，大型客车和重型货车设6~8个前进挡。变速器的挡位越多，汽车适应性越强，但变速器结构越复杂，体积和质量增大，成本也高。

平常所说某变速器有几个挡，是指它有几个前进挡，不包括倒挡和空挡，因为倒挡和空挡都是必然需要的。

4）变速器的操纵机构

图2-26所示是三轴式普通齿轮变速器及变速操纵机构的结构。

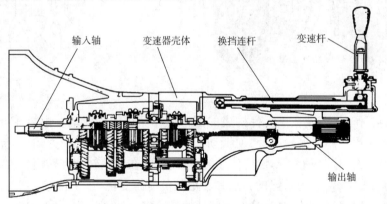

图2-26　普通齿轮变速器及变速操纵机构

变速器操纵机构应保证驾驶员能准确可靠地操纵变速器使其挂入所需要的任一挡位，或使其退到空挡。大多数汽车变速器布置在驾驶员座位附近，变速杆（简称换挡杆）由驾驶室底板伸出，驾驶员可直接操纵，这种操纵机构称为直接式变速器操纵机构。

4. 自动变速器

自动变速器能根据发动机负荷和车速等情况自动变换传动比，使汽车获得良好动力性和燃料经济性，并减少排放污染。自动变速器简化了驾驶操作动作，降低了对驾驶技术和经验的要求，能减少驾驶员在驾驶过程中的注意力分散和体力消耗，对安全行车更为有益。

自动变速器与普通齿轮式变速器在结构和原理上差别很大。图 2-27 所示是一典型的电控液动自动变速器结构图。电控液动自动变速器由液力变矩器、行星齿轮组、换挡执行机构、液压控制系统和电子控制系统五部分组成。

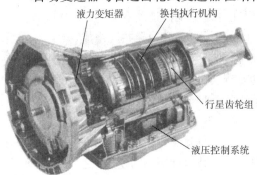

图 2-27　电控液动自动变速器结构图

1）液力变矩器

液力变矩器简称变矩器,是利用油液循环流动的过程中动能变化传递动力的。其能根据汽车行驶阻力的变化,在一定范围内自动、无级地改变输入、输出之间的传动比和变矩比。

变矩器的基本组成零件是泵轮、涡轮和导轮,如图 2-28 所示。泵轮、涡轮和导轮上都有叶片,叶片具有不同的弯曲角度。三者装配后构成截面为圆形的圆环体,变矩器壳体内充满工作油液。图 2-29 所示是变矩器的结构示意图,泵轮、变速器壳以及飞轮三者固连为一体,是主动件。涡轮是从动件,它与从动轴连在一起作为变矩器的输出件。导轮则固定在不动的套管上,工作中不转动。

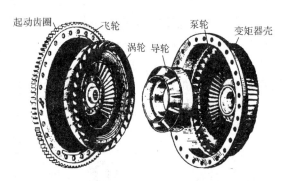

图 2-28　液力变矩器的主要零件

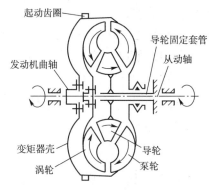

图 2-29　液力变矩器结构示意图

在变矩器工作时,油液在三元件构成的圆环内作循环螺旋流动。由泵轮叶片带起的油液在离心力的作用下冲击涡轮叶片,便把动能传递给涡轮,涡轮将动力输出,导轮的作用是改变液体流动的方向。变矩器不仅能传递转矩,而且能在泵轮转速和转矩(即发动机转速和转矩)不变的情况下,使涡轮输出的转速和转矩随负荷而变化。

随着涡轮转速提高,固定在套管上不转动的导轮将对油液产生不利导向,使涡轮上的输出转矩降得很低,传动效率也很低。为此,现代汽车液力变矩器在导轮与固定套管间设置有单向离合器,使导轮在特定时刻变成可转动的自由轮,有效地克服了导轮造成的不利影响。

现代汽车液力变矩器中使用了单向离合器和锁止离合器,可有效地提高液力变矩器的传动效率。

液力变矩器虽能传递和增大发动机转矩,但最大变矩比不大(变矩比 $K_{max} = 2 \sim 3$),不能满足汽车使用工况要求。为进一步增大输出转矩,扩大变速范围,提高汽车适应能力,通常在液力变矩器后面再加装一个机械有级式齿轮变速器,该齿轮变速器多采用行星齿轮组。

2)行星齿轮组

行星齿轮组是由中心齿轮(太阳轮)、内齿圈、行星架和安装在行星架上的数个(一般3~4个)行星齿轮组成(图2-30)。行星齿轮组是二自由度的机构,对太阳轮、内齿圈和行星架分别进行锁止或联动,就可以获得多种变速组合,可以得到低速挡、中速挡、直接挡、倒挡、空挡等汽车变速器所需要的、传动比确定的挡位。若把行星齿轮组与液力变矩器串联在一起进行传动,则每一个行星齿轮挡位都变成了一个传动比连续变化的无级变速范围。这些范围连在一起(有重叠),构成一个更大的传动比范围。这一范围覆盖了从低挡到高挡、从前进到倒车各种工况的需要。

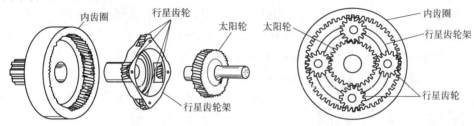

图2-30 行星齿轮组

3)换挡执行机构

换挡执行机构是通过将行星齿轮组中各个元件分别进行锁止或联动来实现换挡操作。它主要由带式制动器和摩擦式离合器组成。制动器实现固定和放松功能,离合器实现接合和分离功能。现代汽车自动变速器中,通常使用2~3个离合器和2~3个制动器,分别控制着不同的元件。

4)液压控制系统

液压控制系统由一系列液压阀、阀体和管路组成。液压控制系统的主要任务是:在汽车行驶过程中接受电子控制系统的换挡信号,根据换挡杆的位置和汽车行驶状态,控制液力变矩器及行星齿轮组的工作,使离合器和制动器动作,实现自动换挡;控制变矩器中液压油的循环和冷却;控制变矩器中锁止离合器的工作状态。

5)电子控制系统

电子控制系统由传感器、控制器和执行器三部分组成。控制器接收传感器信号,并作出是否需要换挡和换入哪一挡的判断,同时发出换挡指令,使执行器(电磁阀)动作,操纵液压阀接通或切断控制油路,实现换挡。

6)选挡杆及其挡位

自动变速器的选挡杆,也称为换挡杆,如图2-31所示。在选挡杆旁边有一个标牌,用字母和数字标示着挡位图,选挡杆在哪个位置,即选定了哪个挡位。当选挡杆位于右图左侧的槽中时,具有手动换挡功能,即将选挡杆向前推一下为提高一挡,向后拉一下为降低一挡。标牌上的字母和数字的含义如下:

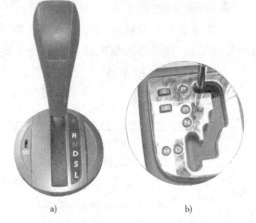

图2-31 自动变速器的选挡杆位置
a)自动变速器变速杆 b)手自一体自动变速器变速杆

(1)自动变速器变速杆位置及用途。

P——停车挡:停车时使用,机械锁止自动变速器输出轴,可以起动发动机。

R——倒挡:倒车时用。

N——空挡:用于短暂停车,有的可以起动发动机。

D——前进挡:常用挡位,可以根据行驶条件适时自动在1到n挡之间转换。

S——强制2挡:自动变速器锁止在2挡,不能升降挡。

L——低速挡:锁止在前进挡中的1挡,不能升挡。可利用发动机反拖制动。

(2)手自一体自动变速器变速杆位置及用途。

S——运动模式:在这种状态下,车辆的加速响应性增强,但舒适性、经济性下降。

*——冰雪路模式:用于湿滑路面起步,按下此键时车辆将不从1挡起步,而从2挡起步,以减少转矩输出,避免车辆在湿滑路面上起步时打滑。

M——手动模式:按下此按钮时,变速杆向前推时完成加挡操作,向后拉时则完成减挡操作。

其他位置与自动变速器相同。

自动变速器改变传动比是自动的,但允许传动比变化的范围是人为给定的。自动变速器在改变传动比和自动换挡时均不中断动力的传递,还能根据实际工况优选传动比。因此,不仅对汽车的动力性、燃油经济性、乘坐舒适性有利,而且减轻了驾驶汽车的劳动强度,使汽车更容易操纵。但自动变速器的技术、成本、价格都高于手动变速器。随着汽车技术的发展,自动变速器、手自一体变速器、双离合器自动变速器、无级变速器等在汽车上应用越来越广泛。

5. 万向传动装置

1)万向传动装置功用

万向传动装置用于两轴有夹角以及夹角时刻变化场合的动力传动,广泛用于汽车的传动系统和转向系统中。

变速器与驱动桥之间的万向传动装置如图2-32所示。在发动机前置后轮驱动的汽车中,发动机、离合器和变速器是作为一个整体安装在车架(或车身)上,而驱动桥是通过悬架与车架(或车身)相连,悬架是有弹性的,在汽车行驶过程中,驱动桥和车轮一起上下跳动。因此,变速器的输出轴与驱动桥的输入轴的相对位置总在变化,即二者之间的距离和夹角时刻都在变化。若使用刚性传动,必然卡死或引起部件的严重损坏。万向传动装置既能在变速器与驱动桥之间传递动力,又允许二者相对位置自由变化。

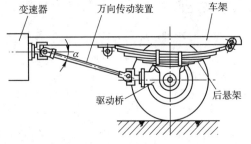

图2-32 变速器与驱动桥之间的万向传动装置

2)万向传动装置构造

万向传动装置包括万向节和传动轴两部分,其中万向节允许夹角变化,传动轴允许距离变化。

万向节是万向联轴节的简称,它允许输入轴与输出轴之间朝任何方向有夹角。汽车用万向节有不等速万向节和等速万向节两类。

不等速万向节也称为十字轴万向节,必须成对使用。为了使传动轴能改变长度,把传动轴分为滑动叉和主传动轴两个零件,通过滑动花键连接。当两个万向节之间的距离发生变化时,传动轴的花键连接处可自由伸缩以适应长度变化的要求。

等速万向节和传动轴在发动机前置前轮驱动轿车上广泛使用,其前轮既是转向轮又是驱动轮,转向时具有较大传动夹角,夹角可达42°~45°。十字轴万向节允许的传动夹角比较小,不能满足转向驱动轮的工作要求,因此前轮驱动的轿车采用等速万向节。球笼式等速万向节允许输入轴与输出轴的夹角最大可达45°,而且万向节的输入轴和输出轴是等转速的。

6. 驱动桥

1) 车桥分类

车桥又称为车轴,起安装车轮和支撑汽车总成的作用。车桥分为驱动桥、转向桥、转向驱动轿和支撑桥四类。一般发动机前置后轮驱动汽车的前桥是转向桥,后桥是驱动桥;发动机前置前轮驱动轿车的前桥是转向驱动桥,后桥是支撑桥;越野车等全轮驱动的汽车前桥是转向驱动桥,后桥是驱动桥。

图2-33所示是驱动桥内部传动结构。驱动桥主要由主减速器、差速器、半轴和驱动桥壳等组成。驱动桥的功用是将万向传动装置传来的运动和动力传给两驱动轮,并使两侧车轮能等速转动或以不同转速转动。

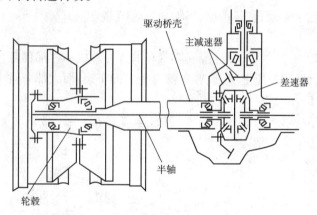

图2-33 驱动桥内部传动结构

2) 主减速器

主减速器由一对弧齿锥齿轮组成。主动小齿轮与输入轴是一个整体,与万向传动装置相连。主减速器从动大齿轮用螺栓与差速器壳固连在一起。主减速器的功用一是减速增矩,二是改变动力传递的方向。

主减速器的传动比一般轿车为4~5,货车为6~8。主减速器的减速比越大,从动大齿轮的直径就越大,汽车的最小离地间隙也就越小,汽车的通过性能降低。为解决这一矛盾,有的汽车的主减速器采用两级齿轮减速。

3) 差速器

汽车在转弯时,内、外轮转弯半径不等,所驶过的距离也是不相等的。内轮驶过的距离小,外轮驶过的距离大。如果内、外驱动轮刚性地固连在一起,具有相同的转速,在汽车转弯时必然出现外轮向前拖滑,内轮向后拖滑,或者出现转弯困难的现象。这不仅造成轮胎磨损,而且使操纵汽车困难。差速器就是为解决这一问题而设计的。它能够保证内、外车轮都具有驱动功能的同时,允许两轮具有不同的转速,即产生速度差(差速)。

差速器并非仅在汽车转弯时起作用。事实上,任何能引起左右车轮转速不等的因素都要用到差速器。例如,由装载、轮胎气压、轮胎磨损程度不同等引起车轮半径不相等、两侧车轮行驶在凹凸不平的路面上等,都要求两侧驱动轮有不同的转速。

4) 半轴与桥壳

半轴是实心轴,半轴的内端通过花键与半轴齿轮相连,半轴外端的凸缘与驱动轮毂相连,其功用是将半轴齿轮上的转矩传给驱动轮。

桥壳是一空心壳体,桥壳中间的鼓包部分用于安装主减速器、差速器,并盛放润滑油。桥壳两边是空心半轴套管,用于安装半轴。桥壳是承受巨大压力和弯矩的部件,汽车的质量通过钢板弹簧压在桥壳上面。因此,桥壳必须具有足够的强度和刚度。

二、行驶系统

汽车行驶系统的功用是支承汽车总质量,将传动系统传来的转矩转化为汽车行驶的驱动力,承受并传递路面作用于车轮上的各种力及力矩,减少振动,缓和冲击,以改善汽车行驶的舒适性,保证汽车正常行驶。

汽车行驶系统包括车架、悬架系统、车轴和车轮四部分。

1. 车架

车架是汽车的骨架,是汽车的装配基础,汽车的各种总成和零部件都直接或间接地安装在车架上。绝大部分轻型及以上货车、客车都有独立的车架,而大部分轿车和一些客车是将车架与车身制成一体,不另设车架,称为承载式车身。

汽车车架按其结构形式一般分为三种类型,即边梁式车架(图2-34)、中梁式车架和综合式车架,其中,以边梁式车架应用最广。

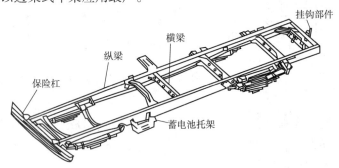

图2-34 边梁式车架

车架通常是由冲压钢板焊接(或铆接)而成的,它主要由两根纵梁(边梁)和若干横梁组成。车架一般前窄后宽,前面要给转向轮的转向留出空间。车架前端有保险杠,当汽车前端受到碰撞时,保险杠可以保护车身和散热器等,使之不受损坏。

2. 车桥

车桥也称为车轴,它通过悬架与车架相连,车桥的两端安装车轮。车桥分为驱动桥、转向桥、转向驱动桥和支撑桥四种类型。在传动系统中已经介绍了驱动桥。支撑桥结构较简单,不再介绍。下面仅介绍转向桥和转向驱动桥。

1) 转向桥

转向桥除支撑汽车前部质量外,还配合转向系统实现顺利转向。图 2-35 所示是采用非独立悬架的转向桥。由图可见,转向桥主要由前轴(或前梁)、左右转向节(与梯形臂为一体)、主销和转向横拉杆等组成。

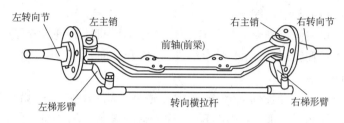

图 2-35 采用非独立悬架的转向桥

前轴一般由锻钢制成。为降低整车高度,多数前轴中间比两端低,并有安装钢板弹簧的板簧座。前轴两端有主销孔,通过主销与转向节连接。转向节是安装车轮的部件,左、右梯形臂和转向横拉杆把左、右转向轮连在一起,使之保持正确的行驶方向,并传递转向力。

2) 转向驱动桥

发动机前置前轮驱动的汽车的前桥是转向驱动桥,图 2-36 所示是轿车上常用的带独立悬架的转向驱动桥。动力经主减速器和差速器(图中未画)传至左、右半轴,图中的左、右半轴是带有等速万向节的万向传动装置,发动机的转矩通过万向传动装置传给驱动轮。

3) 车轮定位

所谓车轮定位,就是要使汽车的每个车轮在汽车上的安装位置、方向以及同其他车轮之间的相互位置关系保持正确、适当。

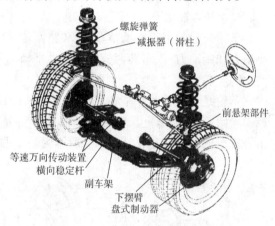

图 2-36 带独立悬架的转向驱动桥

转向轮定位参数(图 2-37)就是转向轮和主销相对于前轴安装位置的几何参数。主要由主销后倾角 γ、主销内倾角 β、车轮外倾角 α 以及前轮前束 $A-B$ 等四个参数组成。

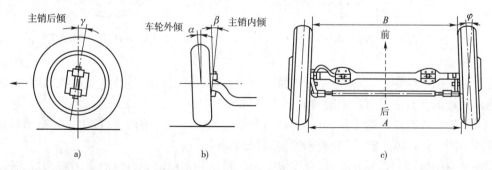

图 2-37 转向轮定位参数
a) 主销后倾; b) 主销内倾和车轮外倾; c) 前轮前束

主销后倾角 γ 是从车轮侧面看去,主销轴线的上端相对于铅垂线向汽车后方倾斜的角度(图 2-37a),γ 角一般不超过 3°。

主销内倾角 β 是从车轮前面看去,主销轴线的上端相对于铅垂线向汽车内侧倾斜的角度(图 2-37b),β 角一般为 6°~8°。轿车主销内倾角可达 14°,与双管路制动系统相结合抑制爆胎和管路损坏造成的制动跑偏。

主销后倾和主销内倾可使转向轮具有自动回正作用,即当转向盘有了偏转,或前轮受到外界干扰力而发生了偏转以后,若干扰力消失,且松开转向盘时,转向轮具有自动回正到汽车直线行驶方位的功能。

车轮外倾角 α 也是从车轮前面看去,车轮赤道平面线上端相对于铅垂线向汽车外侧倾斜的角度(图 2-37b),α 角一般为 1°左右。车轮外倾可减轻轮毂外轴承承受的负荷,车轮有了外倾角也可以与拱形路面相适应。

前轮前束则是从汽车上方俯视,左右两转向轮的赤道平面(或端平面)不平行,前方距离 B 较小,后方距离 A 较大,$A-B$ 即为前轮前束值(图 2-37c)。前束值 $A-B$ 一般为 0 ~ 10mm。前轮前束可消除车轮外倾造成的车轮滚动时的横向滑磨问题。

3. 车轮与轮胎

车轮与轮胎用于支承整车;缓和路面传来的冲击力;通过轮胎与路面间的附着作用产生驱动力和制动力;汽车转弯行驶时产生平衡离心力的侧抗力,保证汽车能正常转向行驶。

1) 车轮

车轮是介于轮胎和车轴之间承受负荷的旋转组件,通常由轮毂、轮辋和轮辐(辐板)组成。轮胎安装在轮辋上,轮毂与车轴之间装有滚动轴承,车轮可在车轴上旋转。图 2-38 所示为货车的辐板式车轮,图 2-39 所示为轿车的铝合金整体式车轮。

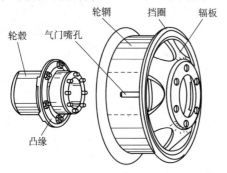
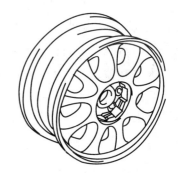

图 2-38 货车的辐板式车轮　　　　图 2-39 轿车的铝合金整体式车轮

2) 轮胎

轮胎安装在轮辋上,直接与路面接触。轮胎必须有适当的弹性和承受荷载的能力,轮胎与地面接触的部分应具有高的附着性能。

汽车轮胎按组成结构不同,可分为有内胎轮胎和无内胎轮胎两类;按胎体中帘布层排列的方向不同,可分为普通斜交轮胎和子午线轮胎两类。

轮胎由胎体、胎冠和胎圈三部分组成。胎体是由若干层尼龙材料的帘子布构成,各层之间用橡胶压粘在一起。胎体是承受气体压力和机械压力的主要部分,要求有一定的强度。胎冠是贴在胎体外面的厚橡胶层。在胎冠上有各种花纹,称为胎面花纹。胎冠直接与路面接触,耐磨性要好。胎圈内部有钢丝圈,钢丝圈是由若干匝钢丝拧成的圈,它的作用是防止轮胎脱离轮辋。

(1)有内胎轮胎和无内胎轮胎。有内胎的轮胎其内胎中充满着压缩空气,外胎是用以保护内胎使其不受外来损害的强度高且富有弹性的外壳。一般充气压力较高、要求密封性能好的轮胎采用有内胎轮胎,如货车轮胎和大型客车轮胎。

无内胎的轮胎中没有内胎,空气直接充入外胎中。无内胎轮胎在外观上和结构上与有内胎轮胎近似,所不同的是无内胎轮胎的外胎内壁上,用硫化的方法附加了一层厚约2~3mm的专门用来封气的橡胶气密层。当轮胎穿孔后,由于橡胶气密层处于压缩状态而紧裹着穿刺物,故能长时间不漏气。即使将穿刺物拔出,压缩气体也不会漏出(穿孔不大时)。对于充气压力较低,要求散热性能好的轮胎都采用无内胎轮胎,如轿车轮胎。

(2)普通斜交轮胎和子午线轮胎。特点是胎体帘布层的各相邻层帘线交叉排列,各帘布层与胎冠中心线成35°~40°的交角,因而称为斜交轮胎。子午线轮胎的特点是胎体帘布层与胎冠中心线呈90°或接近90°角排列,帘线分布如地球的子午线,因而称为子午线轮胎。子午线轮胎帘线强度得到充分利用,它的帘布层数小于普通斜交轮胎,使轮胎质量减轻,胎体较柔软。子午线轮胎的带束层的帘线与胎冠中心线夹角较小(10°~20°),用结构帘布或钢丝帘布制造,抗拉强度很高。

与普通斜交轮胎相比,子午线轮胎质量轻、强度高、附着性能好,散热性能好,更适合于高速行驶。子午线轮胎行驶时变形小,可降低油耗,有逐渐取代斜交轮胎的趋势。

(3)胎面花纹。轮胎按胎面花纹可分为普通花纹轮胎、越野花纹轮胎和混合花纹轮胎,如图2-40所示。

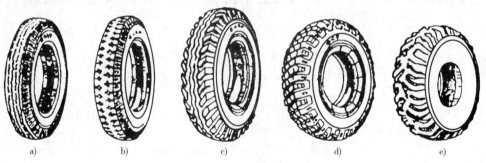

图2-40 轮胎花纹

a)、b)普通花纹;c)混合花纹;d)、e)越野花纹

普通花纹细而浅,花纹块接地面积大,因而耐磨性和附着性较好,适用于在较好的硬路面上行驶的汽车。越野花纹凹部深而宽,在软路面上与地面的附着性好,越野能力强,适用于在矿山、建筑工地以及其他一些松软路面上行驶的汽车。混合花纹介于普通花纹与越野花纹之间,兼顾了两者的使用要求,适用于在城市与乡村之间的路面上行驶的汽车。

(4)胎侧强化型防爆装置。如图2-41所示,胎侧强化型轮胎与普通轮胎的结构区别就是在胎侧附加了胎侧加强橡胶。当轮胎泄气时,加强橡胶使轮胎断面高度下降幅度减小,汽车仍能安全行驶一定距离。

汽车轮胎安装防爆装置的优点是:保障汽车在任何情况突然爆胎,都不会引发翻车事故,并能继续正常高速行驶;能保障汽车当一个或多个轮胎意外泄气时,也能正常行驶几十公里后再补、换胎,不会损坏轮胎;在雨天、夜间等特殊天气不便更换轮胎的情况下或是处于高速公路等停车危险地带,不必更换轮胎也可继续行驶;由于可以省去备用胎,因此能减轻车身质量,节省空间。

图2-41 胎侧强化型轮胎与普通轮胎的结构对比示意图

4. 悬架系统

悬架系统是汽车车架与车桥(或承载式车身与车轮)之间的弹性连接装置。汽车是高速运动的车辆,当它行驶在凹凸不平的路面上时,路面会通过车轮对车身产生冲击和振动,使乘坐者不舒适,还会导致汽车零部件损坏。在车轮与车身之间装上悬架系统,能有效地缓和冲击,吸收振动,大大提高行驶的平顺性和乘坐的舒适性。

1) 悬架的组成及分类

汽车的悬架通常是由弹性元件、减振器和导向机构三部分组成。弹性元件用来缓和冲击,减振器用来衰减系统的振动,导向机构用来使车轮按一定运动轨迹相对车身跳动,同时也起传力作用。

悬架按构造的不同,通常可分为非独立悬架和独立悬架两大类,如图2-42所示。

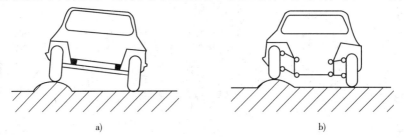

图2-42 非独立悬架和独立悬架示意图
a) 非独立悬架 b) 独立悬架

非独立悬架(图2-42a)的结构特点是两侧的车轮由一根整体式车轴相连。车轮连同车轴一起通过弹性悬架与车架(或车身)连接。在振动过程中两侧车轮通过车轴互相影响,当一侧车轮因道路不平而发生跳动时,必然引起另一侧车轮的摆动。非独立悬架结构简单、质量大、强度高,主要用于载货车。

独立悬架(图2-42b)的结构特点是两侧车轮分别安装在车架(或车身)的结构上,没有车轴部件,每一侧车轮通过弹性悬架与车架(或车身)连接。两侧车轮可以独立跳动,互不影响。独立悬架结构较复杂,质量小,主要用于轿车。

按悬架刚度和阻尼参数在汽车行进过程中是否能调节,悬架还可分为传统悬架和电控悬架。传统悬架系统的刚度和阻尼参数在车辆行进过程中是无法调节的,因此悬架系统的减振性能无法适应不同路面和不同行驶状态的要求。电控悬架的刚度和(或)阻尼参数在车辆行进过程中可以调节,因此,电控悬架汽车行驶的平顺性和操纵稳定性与传统悬架汽车相比有了明显的提高。

2)非独立悬架

钢板弹簧非独立悬架是在中型以上汽车中应用最多的一种悬架形式。图2-43所示是钢板弹簧悬架的结构。钢板弹簧是由若干不等长的弹簧钢板叠加在一起组合而成的。钢板弹簧前端用卷耳与车架相连,因板簧在变形中其跨度会发生变化,因此钢板弹簧的后端通常用活动吊耳(或滑板)与车架相连,钢板弹簧总成用U形螺栓与车轴连接。

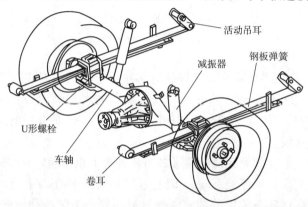

图2-43 钢板弹簧非独立悬架

在汽车行驶过程中,通过钢板弹簧的变形来吸收振动能量和缓和冲击。除垂直荷载外,钢板弹簧还承受纵向力(驱动力、制动力)、横向力,以及各种力矩。减振器用于进一步吸收振动能量。

3)独立悬架

独立悬架与单独安装于车身上的车轮配套使用,其结构类型很多。图2-44所示是双横臂式独立悬架。它主要由上摆臂、下摆臂和螺旋弹簧等组成。螺旋弹簧上、下两端分别在车身和下摆臂上,承受着垂直荷载并缓和路面冲击。上、下摆臂还承受除垂直荷载外的其他力和力矩,并对悬架变形时车轮的运动起导向作用。减振器吸收振动能量。

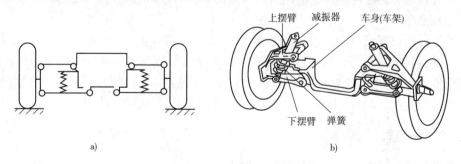

图2-44 双横臂式独立悬架
a)原理简图;b)构造图

图2-45所示是轿车上常用的滑柱连杆式独立悬架,也称为麦弗逊式悬架。它主要由滑柱、螺旋弹簧、下摆臂等组成,减振器与导向滑柱合为一体。这种悬架结构简单,所占宽度较小,给发动机留出了较大的空间。

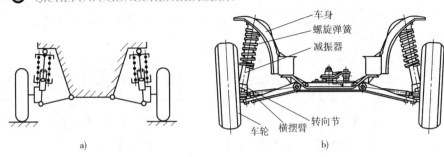

图 2-45 滑柱连杆式独立悬架
a)原理简图;b)构造图

4)减振器

减振器是通过吸收振动能量来衰减振动的部件。它的一端安装在车架(或车身)上,另一端安装在车轮上,与缓冲弹簧是并联的。汽车使用的大多是液力双向作用筒式减振器。它主要由活塞杆、活塞、工作缸、油液、止回阀等组成。工作缸是双层的圆筒,内层圆筒为活塞工作缸,里面装满油液,外层圆筒为储油缸。与活塞杆相连的活塞上装有两个止回节流阀,即流通阀和伸张阀。在圆筒底部的两层之间装有两个止回阀,即压缩阀和补偿阀。

汽车行驶过程中,车轮不停地跳动。车轮上跳时(车轮向车身靠近时),减振器受压缩,活塞杆推动活塞下移,活塞下腔里的油液便通过流通阀的节流小孔流向上腔。由于上腔被活塞杆占去了一部分空间,因此上腔增加的容积小于下腔减小的容积,于是一部分油液就推开压缩阀,流到储油缸内。车轮下跳时,减振器受拉伸,活塞杆向上拉动活塞,上腔的油液便通过伸张阀的节流小孔流向下腔。由于活塞杆的存在,自上腔流来的油液不足以充满下腔增加的容积,使得下腔产生一真空度,这时储油缸中的油液推开补偿阀流进下腔进行补充。由于止回阀的节流小孔面积比较小,便对活塞运动产生阻尼力。油液在小阻尼孔中流动消耗振动能量(转变成热能),起到减振作用。

为充分利用弹性元件缓冲作用,一般都是伸张阀的节流孔面积小于流通阀的节流孔面积,这就使得减振器伸张阻尼力大于压缩阻尼力,这样在压缩行程时,悬架具有较小阻尼,弹性元件可有效地起到缓冲作用;在伸张行程时,悬架具有较大的阻尼,可迅速衰减振动。

5)电控悬架

电控悬架能根据汽车运动状态和路面状况,实时地调节悬架的刚度和(或)阻尼,使悬架处于最佳减振状态。系统的微处理机从传感器接收汽车行驶状态的多种信号,计算出所需要的阻尼值,向步进电动机输出控制信号,步进电动机驱动阀杆转动,调节阀门开度,使减振器的阻尼连续变化,以满足不同路面和不同行驶状态下汽车的缓冲减振要求。

三、转向系统

汽车转向系统的功用是根据驾驶员的操作改变汽车的行驶方向。

1. 转向系统的基本组成

按转向能源的不同,转向系统可分为机械转向系统和动力转向系统两大类。

1)机械转向系统

以驾驶员的体力(手力)作为转向能源的转向系统称为机械转向系统,机械转向系统由转向操纵机构、转向器和转向传动机构组成。

图 2-46 所示为机械转向系统的组成示意图。从转向盘到转向传动轴这一系列零部件，属于转向操纵机构。由转向摇臂至转向梯形这一系列零部件，属于转向传动机构。

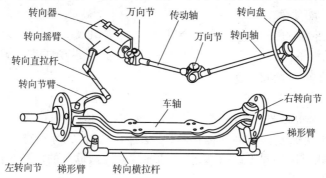

图 2-46 机械转向系统的组成示意图

当汽车转向时，驾驶员对转向盘施加一个转向力矩。该力矩通过转向轴、万向节和传动轴输入转向器；经转向器减速增矩后的运动由转向摇臂输出，通过转向传动机构将运动传给左、右转向节，使转向节上的转向轮偏转。

2）动力转向系统

兼用驾驶员体力和发动机（或电动机）的动力作为转向能源的转向系统称为动力转向系统。它是在机械转向系统基础上加设一套转向加力装置而形成的。在正常情况下，汽车转向所需能量，只有一小部分由驾驶员提供，大部分由发动机（或电动机）通过转向加力装置提供。

图 2-47 所示为一种液压动力转向系统的组成示意图。其中属于转向加力装置的部件是：转向液压泵、油管、转向储油罐、转向分配阀以及转向动力缸等。当驾驶员转动转向盘时，通过转向器和转向传动机构使前轮偏转，以实现转向。与此同时，转向轴还带动转向分配阀中的转阀转动，使转向动力缸内产生液压作用力，帮助驾驶员转向操纵。这样，为了克服转向轮上的转向阻力矩，驾驶员需要加于转向盘上的转向力矩，比仅采用机械转向系统时要小。

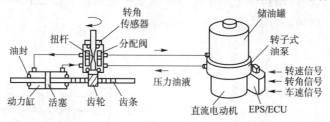

图 2-47 液压动力转向系统的组成示意图

2. 转向操纵机构

转向操纵机构由转向盘、转向轴和传动轴等组成，其作用是将驾驶员转动转向盘的操纵力传给转向器。为了方便不同体形驾驶员的操纵及保护驾驶员的安全，现代汽车转向操纵机构还带有各种调整机构及安保装置。

转向系统中的转向盘和转向柱对驾驶室内的环境美观、操作舒适性都有影响。现代汽车一般都装有倾斜角度可调整、长度可伸缩的转向柱，以适应不同身高和驾驶习惯的驾驶员。轿车的转向盘内通常装有安全气囊，在撞车时保护驾驶员的安全。

3. 转向器

转向器的功用是改变力的传递方向和力的大小，使转向器输出件获得所要求的位移和转角。现代汽车上广泛采用的转向器有齿轮齿条式、循环球式等几种结构形式。

1) 齿轮齿条式转向器

齿轮齿条式转向器主要由齿条、齿轮、转向器壳体等组成。当转动转向盘时，齿轮转动，使与之啮合的齿条沿轴向移动。与齿条相连的转向横拉杆带动两侧的转向节摆动，使转向轮偏转，从而使汽车转向行驶。

2) 循环球式转向器

循环球式转向器中有两级传动副，螺杆螺母传动副和齿条齿扇传动副。在螺杆和螺母之间设有封闭的循环滚道，滚道间充以钢球，当螺杆转动时，钢球沿螺旋滚道滚动并带动螺母作直线运动，钢球通过外导管返回，以实现循环滚动。螺母上的齿条与齿扇啮合带动转向摇臂轴(齿扇轴)转动。

转向螺母上的齿条是倾斜的，齿扇的齿厚沿宽度方向是变化的，以调整转向盘的自由行程。旋入调整螺钉，则转向摇臂轴右移，啮合间隙减小；反之转向摇臂轴左移，啮合间隙增大。这种技术广泛用于各类各级汽车。

4. 转向传动机构

转向传动机构用于将转向器输出的力和运动传到转向桥两侧的转向节，使两侧转向轮偏转，且使两转向轮偏转角按一定关系变化，以保证转向时车轮与地面相对滑动尽可能小。

与非独立悬架配用的转向传动机构如图 2-48 所示，主要由转向摇臂、转向直拉杆、转向节臂、转向梯形臂和转向横拉杆等组成，采用循环球式转向器。其中前轴、左右梯形臂和转向横拉杆组成的传动机构称为转向梯形。转向梯形是汽车上的一个重要机构，它不仅起到在左、右转向轮之间传递力和运动的作用，更重要的是它可以使左、右两转向轮的转角近似符合前述转角关系。

在独立悬架的汽车上，每个转向轮都需要相对车架作独立运动，因而转向桥必须是断开式的。与此相应，转向传动机构中的转向梯形也必须是断开式的，图 2-49 所示是与独立悬架配用的转向传动机构，采用齿轮齿条式转向器。

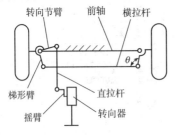

图 2-48 与非独立悬架配用的转向传动机构

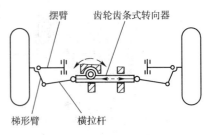

图 2-49 与独立悬架配用的转向传动机构

转向系统是汽车上最重要的操纵系统，除能实现转向的基本功能外，还必须保证转向轻便、安全、易于操纵。例如，汽车在直线行驶时，应能自动维持正前方的前进方向，不得跑偏。当转向轮遇到路面凹凸不平的干扰发生微小的转向后，能自动地回到直线前行的正确方向。此外，在汽车转弯后，转向轮(连同转向盘)也应该能自动回到直线行驶的原始位置。这种维持直线行驶和自动回正的功能是靠转向轮定位参数来保证的。

四、制动系统

使行驶中的汽车减速和停车,使下坡行驶的汽车速度保持稳定,以及使已停驶的汽车保持不动,这些作用统称为汽车制动。汽车上必须装设一系列制动装置,以便驾驶员能根据道路和交通等情况,进行一定程度的强制制动。这种对汽车进行制动的装置称为制动系统。

1. 制动系统的组成及分类

图2-50所示是轿车常用的制动系统,主要由制动踏板、制动主缸、前轮制动器、后轮制动器、手制动杆(及传动零件)和制动管路等组成。

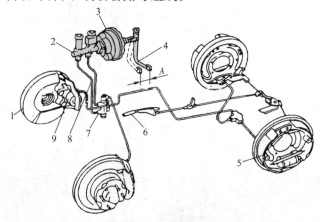

图2-50 轿车的制动系统

1-前轮车轮制动器;2-制动主缸;3-真空助力器;4-制动踏板;5-后轮车轮制动器;6-驻车制动操纵手柄;7-制动调节阀;8-油管;9-制动轮缸

按制动系统的作用可分为行车制动系统、驻车制动系统及辅助制动系统等。用以使行驶中的汽车减速和停车的制动系统,称为行车制动系统,由驾驶员用脚操纵,又称脚制动;用以使已停驶的汽车驻留原地不动的制动系统,称为驻车制动系统,由驾驶员用手操纵,又称手制动;在汽车下长坡时用以稳定车速的一套装置称为辅助制动系统。此时,若单靠行车制动系统来达到下长坡时稳定车速的目的,则可能导致行车制动系统的制动器过热而降低制动效能,甚至完全失效。上述各制动系统中,行车制动系统和驻车制动系统是每一辆汽车都必须具备的。

按制动操纵的能源不同,制动系统可分为人力制动系统、动力制动系统和助力制动系统等。以人力作为唯一制动能源制动的系统,称为人力制动系统;靠由发动机的动力转化而成的气压或液压形式制动的系统,称为动力制动系统;兼用人力和发动机动力进行制动的制动系统,称为助力制动系统。

2. 制动器的构造

制动器安装在车轮中,称为车轮制动器。车轮制动器一般用于行车制动,也兼用于驻车制动。制动器有两种常见的结构形式,一种是鼓式制动器,另一种是盘式制动器。

1) 鼓式制动器

鼓式制动器(图2-51)主要由制动鼓、制动蹄(两个)、制动轮缸、制动底板和复位弹簧等组成。图2-52所示为鼓式制动器的工作原理示意图。以内圆柱面为工作表面的金属制鼓固定在车轮轮毂上,随车轮一同旋转。在固定不动的制动底板上有两个支承销,支承着两个弧形制动蹄。制动蹄的外圆柱面上装有摩擦片。制动底板上还装有制动轮缸,用油管与装在车架上的制动主缸相连通。主缸活塞由驾驶员通过制动踏板机构来操纵。

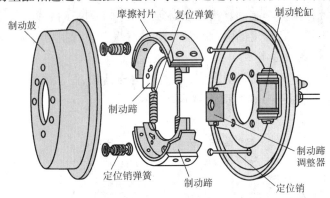

图 2-51 鼓式制动器的结构

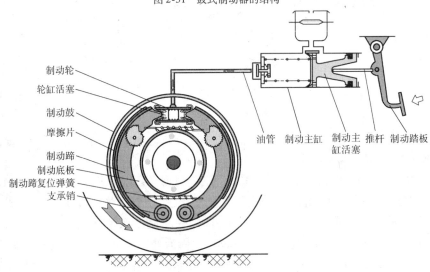

图 2-52 鼓式制动器的工作原理示意图

制动系统不工作时,制动鼓的内圆柱面与制动蹄摩擦片的外圆柱面之间保持一定的间隙,使车轮和制动鼓可以自由旋转。要使行驶中的汽车减速时,驾驶员踩下制动踏板,通过推杆和主缸活塞,将制动主缸内的油液压入制动轮缸,使轮缸的两个活塞向外移出,推动两制动蹄向外张开,使其摩擦片压紧在制动鼓的内圆柱面上,通过摩擦力使车轮减速。制动力越大,则汽车减速度也越大。当放开制动踏板时,制动蹄被复位弹簧拉回原位,轮缸中的油液流回主缸,制动即解除。

2)盘式制动器

盘式制动器如图 2-53 所示,它的制动主体是随车轮一起转动的制动盘和固定于制动底板上的制动钳。

图 2-54 所示为盘式制动器的工作原理示意图,制动钳跨于制动盘两侧,每侧各有 1~2 个制动块。在制动盘一侧的制动块与制动钳之间装有单活塞制动轮缸。未制动时,制动块

与制动盘之间有一定的间隙;制动时,压力油进入轮缸,将活塞向右推出,使制动盘一侧的制动块压向制动盘,同时通过制动钳拉动另一侧的制动块也压向制动盘,从而产生制动力。制动盘上的小孔和盘内的通道是用于通风散热的。

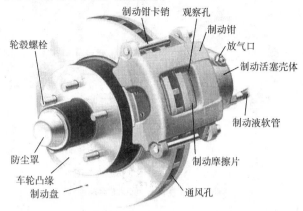

图 2-53　盘式制动器

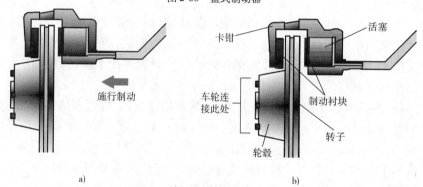

图 2-54　盘式制动器的工作原理示意图
a)不制动;b)制动时

与鼓式制动器相比,盘式制动器尺寸小,质量轻,制动性能稳定,更容易控制。鼓式制动器在相同的踏板力作用下,能产生比盘式制动器更大的制动力。因此,轿车多采用盘式制动器,而货车要求制动力大,均采用鼓式制动器。

3.制动系统的传动装置

汽车制动系统的传动装置有机械式和液压式两种。驻车制动系统采用机械传动装置,行车制动系统采用液压传动装置。

1)机械式驻车制动系统

驻车制动系统的机械传动装置主要由操纵杆、棘爪齿板和拉杆等零件组成,如图2-55所示。驻车制动系统与行车制动系统共用后轮制动器。施行驻车制动时,驾驶员将驻车制动操纵杆向上扳起,通过拉杆将驻车制动杠杆拉紧,从而促动两后轮制动器施行驻车制动。由于操纵杆内的棘爪的单向作用,棘爪与棘爪齿板啮合后,操纵杆便不能反转,故整个驻车制动杆系统能长时间可靠地被锁定在制动位置(图2-55a)。欲解除制动,须先将操纵杆扳起少许,再压下操纵杆端头的按钮,通过棘爪压杆使棘爪离开棘爪齿板,然后将操纵杆向下推到解除制动位置。此时拉杆放松,驻车制动解除,随后放松操纵杆端按钮,使棘爪得以将整个驻车制动系统锁止在解除制动位置(图2-55b)。

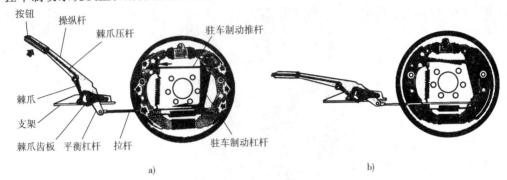

图2-55 驻车制动器工作原理简图
a)施行驻车制动;b)解除驻车制动

2)液压式行车制动系统

液压式行车制动系统主要由制动踏板、制动主缸、液压管路、后轮鼓式制动器中的制动轮缸和前轮盘式制动器中的制动轮缸等组成。制动前,整个液压系统中应充满制动液。制动时,在制动踏板的作用下,将主缸的油液压入四个制动轮缸,产生制动作用。撤除踏板力后,制动踏板机构、主缸活塞和轮缸活塞在各自的复位弹簧作用下回位,制动液从轮缸流回主缸,于是制动解除。

若整个制动管路为相互连通的一条管路,称为单回路制动系统;若为相互独立的两条管路,称为双回路制动系统。单回路制动系统中的任何一个部分出现松动或泄漏,整个制动系统就会失效。双回路制动系统中,一条回路失效,另一条回路仍能起作用,不至于整车失去制动能力,提高了制动的可靠性。按交通法规的要求,现代汽车的行车制动系统都必须采用双回路制动系统。因此,液压制动系统都采用串列双腔式制动主缸。

串列双腔式制动主缸的两个主缸串联在一起,各控制一条回路,每一回路有独立的储液罐。通常采用对角连通方式,即一条回路控制左前轮和右后轮,另一条回路控制右前轮和左后轮,这样任何一条回路失效,都能保证汽车仍具有50%的制动能力。现代汽车上广泛采用ABS、EBD等结构自动调节前后轮的制动力,防止汽车车轮抱死而发生侧滑、甩尾及制动跑偏事故。

4.气压制动系统

中型和重型载货车由于质量大,仅靠人力制动和真空助力制动已远远满足不了制动要求,因而都采用动力制动。我国生产的中型以上货车或客车一般都采用气压动力制动系统。

在气压制动系统中,发动机驱动一个空气压缩机,把压缩空气储存于储气筒中。制动时,驾驶员踩下制动踏板,打开制动控制阀,压缩空气便通过制动控制阀和空气管路进入制动器的制动气室,从而产生制动作用。在气压制动系统中,驾驶员所施加的踏板力只是用来操纵控制装置,对车轮的制动力全部来自发动机的动力。

5.汽车防滑控制系统

汽车操纵稳定性是保证汽车行驶安全的重要性能,是提高行车速度的重要保证,汽车防滑控制是提高操纵稳定性的重要措施,主要包括制动防抱死系统(ABS)、电子制动力分配系统（EBD）、驱动防滑转控制系统（ASR）和电控汽车稳定行驶系统（ESP）等（图2-56）。

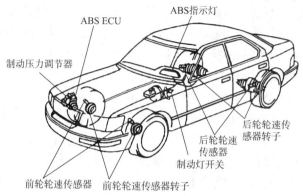

图2-56　ABS与EBD布置图

1）制动防抱死系统（ABS）

汽车在遇到障碍或突发事件时，要求在很短距离和时间内停车。如果制动强度过大，将会使车轮抱死。后轮抱死将使车辆丧失方向稳定性（甩尾侧滑），前轮抱死则使车辆失去转向能力（转向盘失控）。ABS的主要作用就是根据汽车行驶状态和车轮转动情况，在制动过程中自动调节各车轮的制动力，使车轮滑移率被控制在一个很小的理想范围内，车轮不会抱死，使其纵向制动力和侧向附着能力保持较大值，充分利用轮胎与路面之间的纵向和侧向附着力提高汽车抗侧滑的能力，改善汽车的操纵性和方向稳定性，缩短制动距离，有效提高行车安全性。随着人们对汽车安全性能要求的不断提高，ABS已逐渐成为乘用车的标准装备。

防抱死制动系统通常是由车轮转速传感器、制动压力调节器、控制器以及普通制动系统组成。汽车每个车轮上各安装一个转速传感器，将车轮转速的信号输入控制器。控制器根据各车轮的转速信号对各个车轮的运动状态进行监测和判定，并形成相应的控制指令。通过制动压力调节器对各制动轮缸的制动压力进行调节。

2）电子制动力分配系统（EBD）

通常情况下，各个车轮与地面的附着条件不同。EBD的功能就是在汽车制动的瞬间，由传感器检测前后轮的转动状态，并由车载微处理器高速计算出各轮胎与路面间的附着力大小，然后分别调节各个车轮制动器的制动转矩，使之达到与路面附着力的理想匹配，以进一步缩短制动距离，同时保证车辆制动时的稳定性。EBD与ABS结合，可大大提高ABS的功效。重踩制动踏板时，EBD会在ABS作用之前，依据车辆的质量分布和路面条件，有效分配制动力，使各个车轮得到理想的制动力。因此，EBD的作用就是在ABS的基础上，平衡每一个车轮的有效地面附着力，改善制动力的平衡，防止出现甩尾和侧滑，并缩短汽车制动距离，使汽车的行驶安全性能更高。

3）驱动防滑控制系统（ASR）

汽车驱动防滑控制系统是伴随着ABS在汽车上的广泛应用发展起来的，实质上它是ABS基本思想在驱动领域的发展和推广。随着对汽车性能要求的不断提高，为提高汽车加速性能，充分利用车轮的附着力，获得尽可能大的驱动力已成为一个重要的技术课题。在此背景下，许多大汽车公司研制了具有制动防抱死和驱动防滑转功能的驱动防滑控制系统。

ASR能时刻根据车辆行驶状况，运用数学算法和控制逻辑使车辆驱动轮在恶劣路面或复杂输入条件下产生最佳纵向驱动力。由于 ASR 能够提高车辆的牵引性、操纵性、稳定性，减少轮胎磨损和事故风险（尤其在坏路面上），增加行驶安全性，使得汽车在附着状况不好的路面上能顺利起步和行驶，所以该技术自 1985 年在瑞典沃尔沃汽车公司首次使用以来，得以迅速发展。目前，国外高档轿车大多应用了 ASR。

4）电控行驶稳定系统（ESP）

ESP 整合了 ABS 和 ASR 的功能，防抱死制动系统旨在防止车辆制动时车轮抱死，而驱动防滑控制系统旨在防止车辆加速时车轮打滑空转。电控行驶稳定系统起到了一种综合控制系统的作用。同时，ESP 能防止车辆侧滑增强车辆在所有行驶工况下的稳定性。当车辆转弯受侧向力时，ESP 能降低车辆打滑的危险，使汽车安全稳定行驶。总而言之，该系统将汽车的制动、驱动、悬架、转向、发动机等主要总成的控制系统在功能、结构上有机地结合起来，使汽车在各种恶劣工况下都有最佳的稳定行驶性能。

第三节　汽车车身及车身附件

一、汽车车身

汽车车身是驾驶员的工作场所，也是容纳乘客和货物的场所。车身应给驾驶员提供良好的操作条件，给乘客提供舒适的乘坐条件，使他们能够抵御汽车行驶时的振动、噪声、废气的侵袭以及外界恶劣气候的影响，并保证完好无损地运载货物且装卸方便。

汽车车身应具有合理形状，在汽车行驶时能有效地引导周围的气流，减小阻力以提高汽车的动力性和燃料经济性，还应保证汽车行驶稳定性和改善发动机的冷却条件，并使室内通风良好。此外，车身还应具有美观的外形和舒适的内部覆饰，以及赏心悦目的色彩。

汽车车身按其功能可分为驾驶舱、发动机舱和乘员舱（或货厢），这三室也称为三厢。

根据汽车的种类和布置形式不同，三室的排列方式也不同。

1. 轿车的车身

1）车身壳体

现代轿车大多数采用承载式车身，如图 2-57 所示。其特点是没有车架，其车身就作为发动机和底盘各总成的安装基础，荷载全部由汽车车身承受，因此要求车身具有较大的强度和刚度。图 2-58 所示是某轿车的车身分解图。它主要由车身主体、四个车门、发动机罩、前后围板、前后翼子板和行李舱盖等组成。由于轿车用于少量人员乘坐，其货厢缩小成行李舱。若将行李舱与驾驶室合为一体，这种形式的车身称为两厢式；若将行李舱与驾驶室分开，则称为三厢式。

2）车身前后板制件

车身前后板制件包括发动机罩（图 2-59）、散热器罩（格栅或前脸）、前后翼子板、前后保险杠和行李舱盖（图 2-60）等。

3）车门及附件

汽车一般有 2 个或 4 个车门，车门及其附件对车身外形和结构性能起着重要作用。

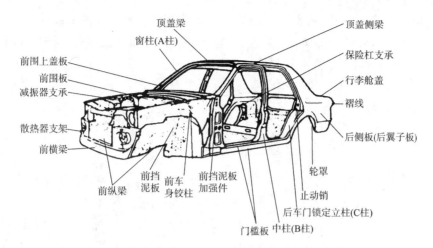

图 2-57 承载式车身壳体

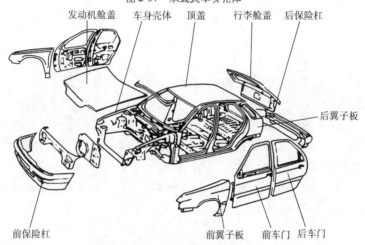

图 2-58 车身壳体及车身覆盖件

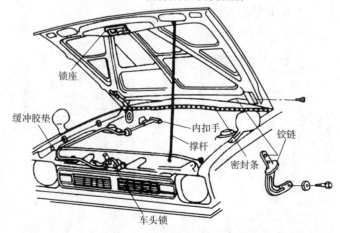

图 2-59 发动机罩及其附件

4) 车身附件及内外饰件

车身附件一般既具有实际用途,其外观又具有装饰作用,如散热器罩、灯具、后视镜、门手柄、窗手柄、锁、车身侧面防擦条等。内外饰件对车辆的结构和性能不起作用只具有纯装饰性,如车内外装饰条、车内软饰件、轮毂罩、轮眉、标志、浮雕式文字等。饰件通过连接件、扣件和压件及双面胶等安装在车身内外。

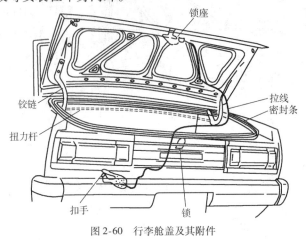

图 2-60 行李舱盖及其附件

2. 客车车身

承载式客车车身的基础构件主要包括:底架、骨架、车顶及蒙皮等。

1) 底架与底板

承载式客车车身没有独立的车架,取而代之的底架则需要有足够的强度和刚度,因为发动机和底盘的主要总成都直接装配在底架上。底架或车架多用高强度钢板冲压成型后组焊而成,采用封闭型截面梁。

车内底板用木板、多层板、塑料插接件等装修平整,底板上通常还要覆盖橡胶、塑料等装饰材料,以解决车底的密封问题。

2) 骨架

骨架(图 2-61)的寿命在一定程度上决定着骨架式车身的耐久性。一般采用高强度钢板冲压成型或用抗扭性很高的异型钢管。

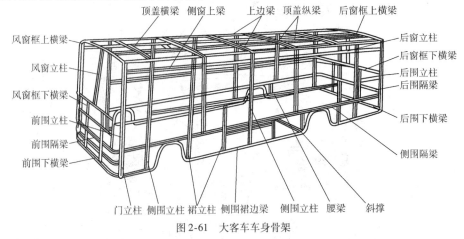

图 2-61 大客车车身骨架

3) 车顶

车顶采用具有一定深度拱形的顶盖。沿顶盖周边是厢形断面的圈梁,它与窗柱刚性连接。

4) 蒙皮

蒙皮分内、外蒙皮,外蒙皮随其形状的变化覆盖在骨架上,并以此构成不同曲面的客车外形。蒙皮一般都是张拉蒙皮,张拉蒙皮是在对金属薄板沿某一方向预先施加拉力的情况下安装在车身骨架上的。这种蒙皮具有较好的刚性,可以减少振动。

3. 货车车身结构

货车车身的结构较为简单,由驾驶室、货厢、车架组成,是非承载式车身。

1) 货车驾驶室

货车驾驶室一般分长头式、短头式和平头式三种,最常见的为平头式和长头式。

平头式货车驾驶室一般置于前轴位置上,发动机完全伸进驾驶室或移向后部,可使整车长度缩短,驾驶视野开阔。这种驾驶室已经成为当前普通货车发展的主流。

平头货车驾驶室的外形如图2-62所示。

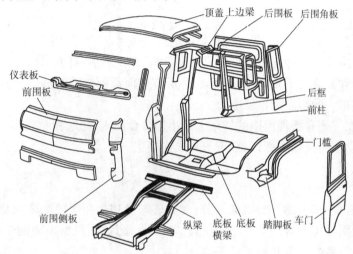

图2-62 平头货车驾驶室

长头式驾驶室(图2-63)可分为前后两部分:车头和驾驶室主体。车头部分的发动机罩,依开启方式不同分为鳄口型和车头翻转型两种。

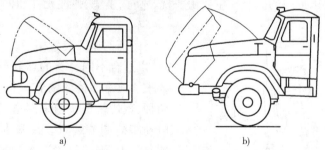

图2-63 长头式驾驶室的外形
a) 鳄口型;b) 车头翻转型

2) 货车车厢

货车车厢因装载的货物不同,分为平板式、栏板式和厢式三种,如图2-64所示。

平板式车厢主要用于承运集装箱,和其他各类货厢相比,区别在于平板四周装有集装箱锁,是专为防止集装箱在运输过程中发生倾翻和位移而设置的。

栏板式主要用于运载密度较小的货物(如棉花、稻草等)。有些栏板式车厢的左、右边板也可加插高栏板,在高栏板的后部通常有防止栏板张开的索链,农用和军用车辆最宜用这种形式。

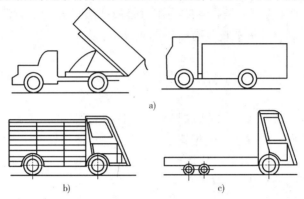

图2-64 货车车厢
a)厢式;b)栏板式;c)平板式

厢式车厢利用型材或冲压的构件制成框架,再覆蒙皮形成封闭壳体,主要运送特定的货物。为提高强度和使蒙皮不致产生振动,几乎所有表面都制成波纹筋,并与底板刚性连接,使整个壳体具有很大的刚度和承载能力。

另外,开始在一些有特种用途的货车上采用铝合金厢式车,这种厢式车一般为6块板式结构,结合部借助主体框架用螺钉、铆钉等方式连接在一起。

二、车身附件

车身附件是汽车车身的重要组成部分,对完善车身功能和保障乘客或货物的安全起着重要作用。车身附件主要有座椅、灯光、仪表、空调器、暖风机、风窗玻璃刮水器、车门玻璃升降器、玻璃洗涤器、音响设备和通信设备等。

1. 汽车座椅

汽车座椅的作用是支承人体,对驾驶员和乘员的乘坐舒适性有重要的影响。驾驶员座椅是车内座椅中要求最高的。座椅主要由头枕、靠背、坐垫、弹性元件和调节装置等组成,如图2-65所示。

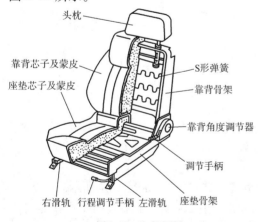

图2-65 汽车座椅

座椅的调节装置用于改变座椅的位置及姿态,以适合不同身材的驾驶员和乘员的舒适性要求。汽车座椅的调节有手动调节和电动调节两种,现代轿车普遍采用由微型电动机驱动的电动座椅调节装置。最基本的调节有座椅的前、后、上、下的位置调节和靠背角度调节。先进的"记忆座椅"有10多种行程和角度调节方式,包括调节转向盘和后视镜的倾角,这种座椅有调节按钮以及电子记忆装置可记忆3个驾驶员所需的座椅调节位置数据。驾驶员就坐后,开动记忆装置就可操纵微型电动机,按预先设定的位置数据完成 10 多项调节。

2. 安全带

安全带是最有效的防护装置,可以大幅度地降低碰撞事故造成的伤亡,这一点已被大量使用实践所证明。图 2-66 所示是最常用的三点式安全带。带子由合成纤维织成,包括斜跨前胸的肩带和绕过人体胯部的腰带。在座椅外侧和内侧地板上各有一个固定点,第三个固定点位于座椅外侧车身支柱的上方。带子绕过导向板,并卷在下部的收卷器内。乘员胯部内侧附近有一个插扣,由插板和锁扣两部分组成。将两部分插合后,即可将乘员约束在座椅上。按下锁扣上的红色按钮就能解除约束。紧急锁止式收卷器在正常情况下,对人体上部不起约束作用。

当乘员向前弯腰时,带子可从收卷器里拉出;而当乘员恢复正常坐姿时,收卷器又会自动把多余的带子卷起,使带子随时保持与人体贴合。但在紧急情况下,即汽车减速度超过预定数值时或车身严重倾斜时,收卷器会将带子卡住而对乘员产生有效的约束。

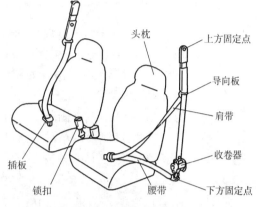

图 2-66 三点式安全带

3. 安全气囊系统

安全气囊系统是汽车安全带的辅助装置,只有在使用安全带的条件下,安全气囊系统才能充分发挥保护驾驶员和乘员的作用。安全气囊位于转向盘毂内或仪表板内,碰撞发生时,安全气囊系统迅速反应,在极短时间内展开并充起一个很大的气囊,犹如缓冲垫填在驾驶员与转向盘之间,从而减轻驾驶员(或乘员)头部及胸部的伤害。

1)安全气囊系统工作原理

安全气囊系统主要由控制器、传感器、气体发生器和气囊等组成。其工作过程为:发生碰撞事故时,传感器感受汽车碰撞强度,当控制系统判断汽车碰撞超过一定程度时,控制器就发出点火指令,使气体发生器内的电子点火器点火,气体发生剂受热分解,迅速产生大量气体,在乘员前部形成充满气体的气囊。当人体与气囊接触时,利用气囊本身的阻尼作用或气囊背面的排气孔的排气节流作用来吸收乘员惯性力产生的动能,达到保护乘员的作用。

2)安全气囊动作过程

图 2-67 所示为汽车在碰撞试验中气囊的展开过程。当汽车以车速 50km/h 与前方障碍物碰撞时,气囊的动作过程如下:

(1)碰撞约 10ms 后,点火器引爆点火剂并产生大量热量,使气体发生剂受热分解,驾驶员尚未动作,如图 2-67a)所示。

(2)碰撞约 40ms 后,气囊完全充满,体积最大,驾驶员向前移动,安全带斜系在驾驶员身上并拉紧,部分冲击能量已被吸收,如图 2-67b)所示。

(3)碰撞约 60ms 后,驾驶员头部及身体上部压向气囊,气囊在人体惯性力作用下产生变形和排气节流作用,从而吸收人体的动能,如图 2-67c)所示。

(4)碰撞约 110ms 后,大部分气体已从气囊中逸出,驾驶员身体上部回到座椅靠背上,汽车前方恢复视野,如图2-67d)所示。

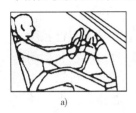
a)

b)
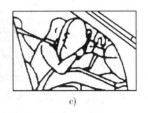
c)

d)

图2-67 安全气囊的引爆过程
a)10ms后;b)40ms后;c)60ms后;d)110ms后

(5)碰撞约120ms后,碰撞危害解除,车速降低直至为零由此可见,从气囊开始充气到完全充满约为30ms;从汽车遭受碰撞开始到气囊收缩为止,所用时间仅为120ms左右,而人眨一下眼皮所用时间约为200ms左右。

在所有的交通事故中,汽车侧向碰撞约占整个碰撞的30%。由于乘员与汽车侧面构件的距离小且缺少缓冲区,侧面碰撞对乘员也是非常危险的。为此,现代轿车在汽车侧面设置了侧安全气囊或(和)安全气帘,侧安全气囊和安全气帘要求有更快的反应速度。

第四节 汽车电气设备

汽车电气系统包括电源系统、起动系统、点火系统、照明与信号系统、仪表与报警系统、空调系统、辅助电气系统和配电装置等若干个系统(其中起动系统、点火系统已经在发动机部分介绍)。汽车电气系统具有以下特点:

(1)低压。汽油车普遍采用12V电系,柴油车大多数采用24V电系。

(2)直流。蓄电池必须使用直流电充电,所以汽车电系为直流电系。

(3)单线制。单线制是指从电源到用电设备只用一根导线连接,用汽车发动机、底盘等金属机体作为另一根公用导线。但是在特殊情况下,为了保证电气系统(特别是电子控制系统)的工作可靠性,也需采用双线制。

(4)负极搭铁。将蓄电池的负极连接到车体上称为"负极搭铁"。汽车电气系统一般规定为负极搭铁。

一、汽车电源

汽车电源系统的功用是向整车用电设备提供电能,电源系统主要由蓄电池、交流发电机和调压器组成。发电机和蓄电池在汽车上是并联工作,它们工作情况及作用如下:

当发动机不工作或起动发动机时由蓄电池向起动机、点火系统、灯光等用电设备供电;

当发动机低速运转时,由蓄电池和发电机联合向点火系统、仪表、灯光等用电设备供电;

当发动机正常运转时,发电机电压高于蓄电池电压,由发电机向全部用电设备供电,并向蓄电池充电,将多余的电能储存起来;

当同时工作的用电设备过多而导致耗电量超过发电机供电能力时,由发电机和蓄电池共同供电;

蓄电池相当于一只大容量电容器,可起到稳定系统电压、保护电子设备的作用。

1. 蓄电池

蓄电池一般安装在发动机罩盖里、驾驶员座位下或车架纵梁外侧。汽车用蓄电池俗称电瓶,根据加工工艺不同可分为普通型、干荷电型和免维护型等。普通蓄电池是在盛有稀硫酸的容器中插入铅制极板而构成的电能储存器,因此又称铅酸蓄电池(图2-68)。

2. 交流发电机

交流发电机一般安装在发动机前部的侧面,并用螺栓固定在支架上,支架再用螺栓固定在机体上。发电机由发动机通过皮带驱动(图2-69),交流发电机主要由转子总成、定子总成、整流器、壳体等组成。

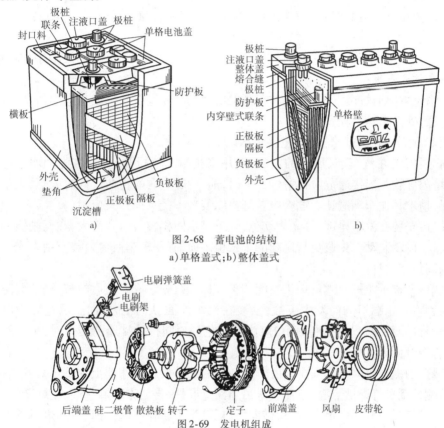

图2-68 蓄电池的结构
a)单格盖式;b)整体盖式

图2-69 发电机组成

发电机的后端采用硅二极管进行整流,将发电机产生的交流电转变为直流电输出到蓄电池和用电设备,同时IC调节器控制发电机的电压。

二、照明与信号系统

1. 汽车照明系统

为保证汽车夜间行车安全及各种使用要求,汽车上装有各种照明与信号装置。

1)前照灯

前照灯又称大灯,主要用于夜间行车时道路照明,灯光为白色。前照灯包括远光灯和近光灯,有两灯制和四灯制两种配置方法。两灯制的两个前照灯具有远光和近光双光束灯;四灯制前照灯装在外侧的一对为远、近光双光束灯,装在内侧的一对为远光单光束灯。

前照灯分为可拆式、半封闭式、全封闭式3种。各种结构形式均由灯泡、反射镜、配光镜、灯壳、接线器等组成。灯泡有单灯丝和双灯丝两种灯泡,目前前照灯的灯泡有白炽灯泡和卤钨灯泡两类。

2)雾灯

雾灯用于雾天照明道路和发出警示。雾灯采用黄色灯泡,其穿透力强。一般设有前雾灯和后雾灯。前雾灯左右各一个;后雾灯只有一个,安装在左后方。雾灯由车灯开关和雾灯开关控制。

3)牌照灯

牌照灯装在汽车尾部牌照上方或两侧用以照亮牌照,使行人距车尾20m处能看清牌照上的文字。

此外,车上还装有顶灯、阅读灯、行李舱灯、门灯、踏步灯、仪表照明灯、工作灯等照明装置。

2. 汽车信号系统

信号系统主要通过声、光向行人和车辆发出有关车辆运行状况或状态的信息,以引起有关人员注意,确保车辆行驶安全。

(1)汽车信号灯。汽车信号灯主要包括以下内容。

转向灯:安装在汽车前、后部的左右侧,用来指示车辆行驶趋向,灯光为琥珀色。转向时,灯光呈闪烁状。当接通危险报警灯开关时,前、后、左、右的转向灯同时闪烁,表示车辆遇紧急情况,请求其他车辆避让。危险报警灯操纵装置不受点火开关控制。

制动灯:安装在汽车尾部,灯光为红色,灯罩显示面积较后示宽灯大,在驾驶员踩下制动踏板时发光,以示制动。为避免与尾随的车发生碰撞,有些轿车后窗内装有由发光二极管成排显示的高位制动灯。

示宽灯:又称示位灯、小灯,用于夜间和雾天标示行驶中或停驶后的汽车轮廓,防止会车和超车时因汽车轮廓不清而发生事故,安装在汽车前面、后面和侧面。示宽灯为白色或黄色,后示宽灯(也称尾灯)为红色,侧位灯为琥珀色。夜间行驶接通前照灯时,示宽灯与仪表照明灯、牌照灯同时点亮。

倒车灯:为提高夜间倒车安全,在汽车挂入倒挡时,设在变速器上的倒车灯开关接通,装在车左后侧的倒车灯即被点亮,以照明车后道路,同时警告后方车辆、行人注意安全。

桑塔纳轿车的制动灯、倒车灯、后转向灯、尾灯等组合在一起。前、后部灯具的安装位置如图2-70、图2-71所示。

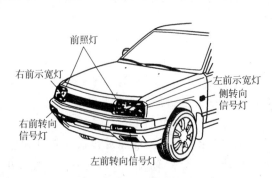

图2-70 前部灯具的安装位置

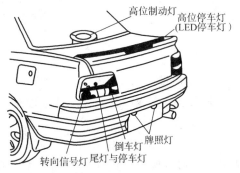

图2-71 后部灯具的安装位置

仪表报警及指示灯:常见的有充电指示灯、润滑油压力过低报警灯、转向指示灯、远光指示灯等。报警灯一般为红色或黄色,指示灯为绿色或蓝色。

(2)转向闪光继电器。转向及危险报警装置由闪光器、转向开关、转向灯等部件组成。转向灯的闪烁通过闪光器控制电流通断而实现,闪光频率为50~11次/分。

转向信号闪光器与危险报警闪光器可以共用,也可以单独设置。常见的闪光器有电容式、翼片式、晶体管式三种。

(3)电喇叭。汽车喇叭用来警告行人和其他车辆,以保证行车安全。电喇叭按有无触点可分为普通电喇叭和电子电喇叭。普通电喇叭是靠触点的闭合断开控制电磁线圈激励膜片振动而产生声音的;电子电喇叭中无触点,它是利用晶体管电路产生的脉冲激励膜片振动产生声音的。在中小型汽车上,由于安装的位置限制,多采用螺旋形和盆形电喇叭。

3. 汽车仪表与报警系统

为使驾驶员及时了解汽车各系统的工作情况,以便及时发现问题采取措施,避免事故发生,保证汽车的正常运行,故在转向盘前方台板上装有仪表、报警灯等装置。

常用仪表一般由传感器和指示仪表两部分组成,按功能不同可分为电流表、润滑油压力表、冷却液温度表(水温表)、燃油表、车速与里程表等;按结构不同可分为指针式和电子显示式两种类型;按工作原理不同可分为电磁式、电热式、磁感应式(如车速里程表)和电子控制式4种。

1)汽车仪表

汽车仪表主要包括以下内容:

(1)冷却液温度表。用于指示发动机冷却液的温度,它由装在仪表板上的冷却液温度指示表和装在发动机水套上的冷却液温度传感器两部分组成。常用的冷却液温度表有电热式和电磁式两类,冷却液温度传感器采用双金属片式和热敏电阻式两类(负温度系数)。

(2)燃油表。用于指示燃油箱内燃油的储存量。它由装在仪表板上油量指示表和装在油箱内的油量传感器两部分组成。传感器一般为可变电阻式,燃油表有电热式和电磁式两种。

(3)车速里程表。用来指示汽车行驶速度和累计汽车行驶里程数,它由车速表和里程表两部分组成。

(4)发动机转速表。分为机械式和电子式两种。机械式转速表的结构原理与上述磁感应式车速表基本相同。

(5)数字式汽车仪表。是指采用荧光屏、液晶显示屏、数码管和发光二极管等显示器件,显示温度、电压、油压、燃油、发动机转速表、车速和里程等信息的仪表,又称为电子式汽车仪表。

2)报警装置

为保证行车安全和提高车辆的可靠性,汽车上安装了许多报警装置。车内报警装置一般由传感器和红色警告灯组成,警告灯装在仪表盘上;车外报警装置一般提供声音信号或声光信号报警。汽车报警装置主要包括以下内容:

(1)润滑油压力过低警告灯。润滑油压力过低传感器有弹簧管式和膜片式两种,均可安装在发动机润滑系统主油道上,传感器内有一对触点,当主油道压力低于某值时,触点接通,报警灯点亮。

(2)冷却液温度过高警告灯。该灯采用双金属片式温度传感器。当冷却液温度高到

105℃时,双金属片弯曲使触点闭合,警告灯发亮指示冷却液温度过高。

(3)燃油油量过少警告灯。电路采用热敏电阻式传感器,传感器装在油箱里。热敏电阻元件露出油面,散热慢,温度升高,电阻值减小,电路中电流增大,则报警灯点亮。

(4)制动系统警告灯。低气压报警灯开关装在制动系统储气筒或制动阀压缩空气输入管路中,当制动系统储气筒内的气压下降到350kPa～380kPa时报警灯开关触点闭合,电路接通,低气压报警灯点亮。制动液面警告灯的传感器装在制动液储液罐内,当浮子随着制动液面下降到规定值以下时,永久磁铁的吸力吸动舌簧开关使之闭合,接通警告灯发出警告。

(5)倒车灯与倒车报警器。汽车倒车时,为了警告车后的行人和车辆注意避让,在汽车的后部装有倒车灯、倒车蜂鸣器或倒车语音报警器,由装在变速器上的倒车开关控制。

指示和报警也是仪表板的重要功能。指示是将正常的状态和参数显示在仪表板上,报警是将可能发生的危险告知驾驶员。指示和报警多以光信号的形式,配以简洁形象的图案。图2-72所示是几种常见的显示图案。

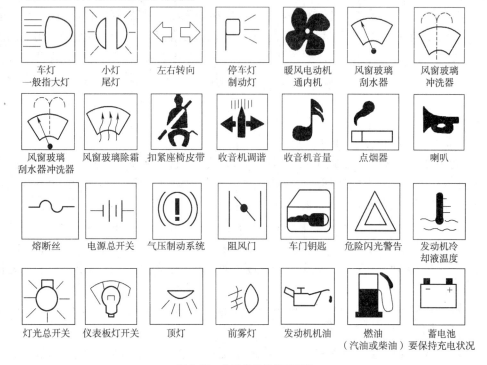

图2-72　几种常见的显示图案

三、汽车暖风空调装置

1. 暖风装置

水冷式发动机的暖风装置,是一个利用发动机工作时产生的热量为热源的暖风机。外部空气由送风机吸入,发动机的高温冷却液在循环途中,一部分被导入暖风机,经暖风机的热交换器(散热器)将空气加热,再将加热的空气送入车内取暖、送向车窗玻璃除霜等。

通过调节输入暖风机高温冷却液的流量和调节送风机转速来增减外部空气的吸入量,便可控制暖风的温度。通过冷热变换阀门可调节进入车内冷、暖风的通风量。这种暖风装置多用于轿车或载货汽车驾驶室。

2. 汽车空调装置

汽车上的空调装置多是单制冷式空调器。空调器制冷的基本原理是利用物体三态变化时的吸热和放热现象，即液态物质在变成气态的过程中（汽化）要吸收热量；而气态物质在变成液态的过程中（冷凝）要放出热量。空调器中所使用的热交换物质称为制冷剂，可通过加大压力和降低压力，使制冷剂在气、液态之间变化。降低液态制冷剂的压力，可使制冷剂汽化，吸收周围的热量；加大气态制冷剂的压力，可使制冷剂液化，从而放出热量。

图2-73所示是汽车空调器的制冷原理示意图。空调器主要由压缩机、冷凝器、膨胀阀、蒸发器和储液罐等组成。

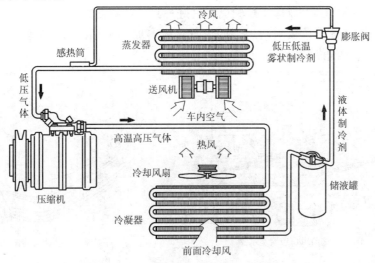

图2-73 汽车空调器的制冷原理示意图

（1）压缩机。压缩机是压缩和输送制冷剂蒸汽的装置，是制冷系统的心脏。压缩机工作时可把制冷剂气体由低压变为高压，气体温度也因压缩而升高，并可维持连续不断的制冷剂循环。压缩机由汽车发动机驱动。

（2）冷凝器。冷凝器的作用是散热，它把从压缩机出来的高压、高温气态制冷剂冷却凝结为液体，在冷凝过程中散发的热量由空气流带走。冷凝器一般安装在发动机冷却液箱前面，借助于冷却风扇散热。

（3）膨胀阀。膨胀阀又称为流量控制器，其作用是根据车室内空调负荷的需要，自动调节膨胀阀的开度，控制流入蒸发器的制冷剂流量。

（4）蒸发器。蒸发器的功能与冷凝器相反，它把从膨胀阀减压后流出的液态制冷剂蒸发成低压气体。在蒸发过程中，从车室内吸收热量，使车内空气温度降低。

空调器制冷时，由发动机驱动的压缩机将储液罐里的液态制冷剂经膨胀阀抽出，进入室内蒸发器，蒸发器内的压力较低，制冷剂在此吸收热量蒸发成气体。气体的制冷剂被压缩机抽出，加压后送入室外的冷凝器，散发热量后变成液体流回储液罐。如此不断循环，即起到连续制冷作用。为了加大制冷和散热的效果，在蒸发器和冷凝器上都装有风扇或送风机。吹过蒸发器的空气变成冷空气，经专门设计的通道吹到车内适当的地方。在通道出风口处还可以调节风速和风向。而室外的冷凝器则安装于温度较低、通风良好的地方。

四、风窗玻璃刮水器与风窗玻璃洗涤器

风窗玻璃刮水器用来刮去前、后风窗玻璃上的雨水、霜雪和尘土,提高雨、雪天行驶时驾驶员的能见度,保障行车安全。前风窗玻璃刮水器一般有两个刷片,后风窗玻璃刮水器一般为一个刷片。刷片上装有柔软的橡胶片,紧贴着风窗玻璃,在电动机驱动下往复摆动,刷净玻璃上的异物。控制刮刷速度的开关一般有"停止"、"间歇"、"低速"、"高速"等几个位置,以适应不同的雨量。前风窗玻璃刮水器不工作时应停在最低处,以免影响驾驶员的视野。图 2-74 所示为前风窗玻璃刮水器。

为了更好地清除附在风窗玻璃上的脏物,现代汽车上又增设了风窗玻璃洗涤器(图 2-75)配合风窗玻璃刮水器工作,以保持驾驶员的良好视野。洗涤器的喷嘴安装在发动机罩板上,方向可以调节,将水喷在风窗玻璃适当的位置。风窗玻璃洗涤器与风窗玻璃刮水器联合工作,可以达到良好的洗涤效果。

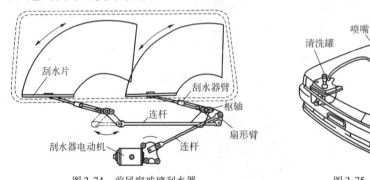

图 2-74 前风窗玻璃刮水器

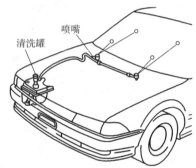

图 2-75 风窗玻璃洗涤器

五、玻璃升降器

玻璃升降器是调整汽车门窗玻璃开度大小的专门部件。汽车玻璃升降器的结构如图 2-76 所示,可手动或(和)电动进行操纵。

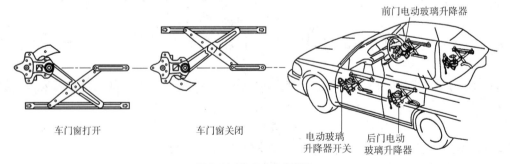

图 2-76 汽车玻璃升降器

转动玻璃升降器手柄,通过手柄轴上的小齿轮带动扇形齿板转动,使 X 型连杆机构运动,从而带动门窗玻璃上升下降。电动式玻璃升降器采用电动机通过减速机构驱动小齿轮转动,代替玻璃升降器手柄的转动。电动式玻璃升降器可通过驾驶员座椅旁的总开关或各座椅旁的车门开关来操作。

除上述车身附件以外,还有电除霜器、中央控制门锁和电动调节后视镜等,不再赘述。

第三章 汽车服务与汽车服务企业

第一节 汽车服务的内涵

一、服务

"服务"一词包含了非常广泛的内容。自20世纪中叶开始,市场营销学界就从不同角度为服务作了许多定义。

综合来讲,服务是以无形的方式,在顾客与服务人员、有形资源产品或服务系统之间发生的,可以为服务对象提出的问题提供解决方案的一种或一系列行为。因此,服务是行动、流程和绩效。服务包括以下特性:

(1)服务的无形性。服务是产品,但与有形产品不同,它是无形的,是不可触摸的。例如,汽车使用者或消费者到汽车维修服务企业,并不是去购买设备,而是去接受汽车检测故障、汽车维修和养护等服务;参加汽车俱乐部的目的是为了享受由俱乐部提供的汽车救援、保险、牌证代理、专题汽车文化活动等服务。判断一项服务的好坏,主要取决于它的一些不可触摸的特性,如热情、周到、专业、技能等。

(2)服务的即时性。服务的生产过程和消费过程是同时发生的,必须有顾客接受服务才能进行生产,消费过程的结束也就意味着生产过程的结束。因此,服务是无法储存的。由于服务的即时性,服务企业服务能力的设定就非常关键,服务能力的大小、服务的设施、设备对服务企业的盈利能力具有很大影响。如果服务能力不足,会带来机会损失;而服务能力过大,会浪费固定资产投入。由于服务的即时性,在服务生产过程中,顾客是参与其中的,服务提供者与消费者之间的接触程度较高。因此,服务过程的质量控制对服务业来说就显得至关重要。为此,服务业更应加强员工培训,提高其工作责任心和服务技能,这是保证服务质量的关键。

(3)服务的易进入性。从事服务业生产,相对于制造业来讲不需要太多的投资,进入门槛很低。这就意味着如果某服务行业具有较强吸引力,则新的竞争者会不断涌入,竞争者的发展可能相当快。因此,服务业必须对潜在和现实的竞争行为保持足够的警觉。

(4)服务的外部影响性。技术进步、政策法规等外部因素对服务业的影响很大。这些外部因素往往会改变服务企业的服务内容、服务提供方式及其规模结构。例如,过去的汽车维修服务中,经验诊断和各种零件修复工艺是主要服务内容。随着汽车技术的电子化、结构的精细化,维修服务中电脑诊断、换件修理已成为主要服务内容,专门的检测和拆装器具就不可或缺了。随着我国服务贸易领域对外开放进程的不断深入;随着国外汽车服务企业进入我国市场,汽车金融、保险服务将逐渐成为汽车服务业新的竞争热点。所以,汽车服务企业必须保持对技术进步和国家政策法规的高度敏感,不断更新服务内容才能在竞争中立于不败之地。

二、汽车服务

提起汽车服务人们往往会联想到汽车的售后服务,尤其是汽车的维修技术服务,其实汽车服务不仅仅是指售后服务和维修技术服务,它涵盖的工作内容是十分广泛的,概括起来说汽车服务概念有狭义和广义之分。

狭义的汽车服务是指汽车从新车出厂进入销售流通领域开始,直至其使用寿命终止后回收报废各个环节涉及的全部技术和非技术的各类服务和支持性服务。如汽车的分销流通、物流配送、售后服务、维修检测、美容装饰、配件经营、智能交通、回收解体、金融保险、汽车租赁、旧车交易、驾驶培训、信息资讯、广告会展、交易服务、停车服务、故障救援、汽车运动、汽车文化及汽车俱乐部经营等。

广义的汽车服务还可延伸到汽车生产领域的各种相关服务。如原材料供应、工厂保洁、产品外包装设备、新产品的试验测试、产品质量认证及新产品研发前的市场调研等。甚至还可延伸至使用环节中如汽车运输服务、出租汽车运输服务等。

汽车服务工程中技术性服务属于机械电子工程范畴,而非技术性服务则属于管理工程范畴,同时还跨越金融学的范畴。汽车服务的各项内容是相互有联系的,它组成了一个有机的工程系统。由于汽车服务企业所涉及的工作都是服务性的工作,因此它属于第三产业。

本书所分析的汽车服务专业是指狭义的汽车服务。

三、汽车服务企业

1. 汽车服务企业的概念

由于汽车服务涉及与汽车有关的一切行业,所以面很宽,必须限定一个范畴。这里所讲的汽车服务企业是指为潜在和实现汽车使用者及消费者提供服务的企业,主要是指从事汽车营销的企业和为汽车使用者或消费者提供维修和保障技术服务、配件供应及其他相关服务的企业。

无论是汽车经销企业、汽车维修企业还是汽车其他服务企业,都是随着汽车诞生、发展和普及而诞生的企业。汽车经过120多年的发展,给人类社会生活带来了翻天覆地的变化。汽车产业被许多工业国家视为支柱产业,在国家经济发展过程中起着举足轻重的作用。我国改革开放以来,汽车工业得到了高速的发展,特别是进入20世纪90年代后我国政府鼓励汽车进入家庭以来,汽车的产量和每千人拥有量均以每年15%~20%的速度快速增长,这给汽车后市场带来了前所未有的发展机遇。与此相应的汽车服务业从企业经营形式到管理理念也经历了由传统经营管理向现代企业公司制管理,由单一经营形式向复合经营形式的转变过程。汽车品牌专营、多品种经销、连锁经营、二手车交易、特约汽车维修站、综合汽车维修企业、快捷维修及汽车改装、装饰美容店、汽车金融、汽车保险、汽车租赁及汽车俱乐部等已形成适应汽车消费者多层次需求的服务体系。

汽车属于高技术含量的产品,在整个寿命期内,都需要专门的技术人员提供专门的帮助,因此汽车服务企业有良好的生存基础。据美国测算,1美元的汽车工业产值将会带来8

美元的汽车后市场产值。因此,人们把汽车服务后市场称作汽车制造业以下价值链中的"第二桶金",汽车服务也具有广阔的发展空间。据不完全统计,近年来我国汽车服务企业数量以每年10%左右的速度增长。另外,随着国际服务贸易堡垒的打破,国外汽车服务企业也在大量涌入我国市场,致使汽车服务市场竞争日趋激烈。

　　加强企业经营管理是提高市场竞争力的重要手段,但是要搞好汽车服务企业管理,首先必须了解汽车服务企业的性质、特征和生产经营的特点。

　　2.汽车服务企业的类型

　　由于汽车使用者或消费者在地域、职业、文化层次及可支配收入等分布的离散性,决定了其对产品服务需求的多样性特点,这一特点同时决定了汽车服务企业类型的多样性。因此,汽车服务企业按照业务类型大致可分为:整车销售、配件销售、汽车维修、汽车改装及装饰美容、汽车租赁、汽车金融、汽车保险服务、汽车俱乐部等。

　　1)整车销售服务

　　整车销售企业可分为新车销售和二手车交易企业,其中新车销售企业又分为单品种和多品种经营企业。

　　(1)汽车品牌专营企业。这种企业与某一品牌汽车生产商签订特许专营合同,受许可合同的制约,接受生产商的指导、监督、考核,只经营该品牌的汽车,并为该品牌汽车的使用者或消费者提供技术服务。汽车品牌专营店一般采用统一的店面设计和外观设计,一般是前店后厂的方式,具有整车销售(Sale)、配件供应(Sparepart)、维修服务(Service)和信息反馈(Survey)等4项主要功能。所以也称为4S店,或称为四位一体店。这种企业专营某一品牌汽车,集汽车销售与服务于一体,且能得到汽车生产商在技术和商务上的支持提供专业化的技术支持和服务,有利于为汽车消费者提供更优质的服务,适合于经营市场保有量较大的汽车品牌和单车价格较高的汽车品牌。

　　(2)多品种经销企业。汽车经销商在同一卖场同时经销多个品牌的汽车。这种形式的优点是建店成本低,消费者在同一店内可以对多种不同品牌汽车进行比选。但是它难以提供专业化的技术服务,增添了消费者的购买顾虑。这种经营形式适合于经销生产厂商技术服务网络比较规范和完善的汽车品牌或社会拥有量较少的汽车品牌。

　　(3)二手车交易企业。专门为旧车车主和旧车需求者提供交易,促成二手车交易的企业。旧车并不一定是车况差的车,相对于一次交易来说是须办理过户手续的车辆。主要业务为旧车回收、车辆评估、技术状况鉴定、旧车售卖或促成交易、拟定合同、代办过户手续、必要的检测或维修等。《我国旧机动车交易管理办法》规定:所有的旧机动车交易行为都必须在经合法审批设立的旧机动车交易所进行。

　　2)配件经销服务

　　(1)汽车配件销售企业。可以分为配件批发商(或代理商)和配件零售商两类。配件批发商(或代理商)主要从事配件及精品的批发业务,服务对象是配件零售商、各类汽车维修企业、装饰美容企业。配件零售商主要从事汽车配件及精品的零售业务,服务对象是车主。

　　(2)汽车配件连锁经销企业(Chain Store)。连锁经营是经营汽车配件的若干企业在核心企业或总部的领导下,通过规范化经营实现规模效益的经营形式或组织方式。连锁系统像锁链似的分布在各地,形成强有力的销售网络,利用资本雄厚的特点,大批量进货,大量销售,具有很强的竞争力。这种形式在国内外汽车配件中得到广泛应用,国外许多经销商已涌入我国的配件市场。

3)汽车维修服务

(1)综合汽车维修服务企业。可以承担多种品牌汽车的维修技术支持和服务的企业。按照经营技术条件,维修企业可分为3个类别:一类维修服务企业,可以从事汽车大修、总成大修、一级和二级维护、车辆小修等综合维修服务业务;二类维修服务企业,可以从事汽车一级维护、二级维护和小修等维修服务业务;三类维修服务企业,只能从事专项修理业务,在我国这种维修企业形式占有很大的比例。

(2)汽车特约维修站。与汽车生产厂商签署特约维修合同,在某一地域负责某一品牌汽车技术支持、维护、故障检测诊断和修理等服务业务。这种经营方式可以设在综合修理厂内,也可以独立设置。由于其拥有该品牌汽车专业拆装和维修、检测诊断设备和工具,且能得到生产厂商强有力的技术和配件支持,规范化作业保证了维修质量。品牌特约维修站在我国已成为汽车生产厂商售后服务网络体系的主干。

(3)汽车快修店。这类企业主要从事汽车生产厂商质量保修范围以外的汽车故障维修工作,一般是汽车低等级维护、换件修理等无需专业诊断与作业设备的小修业务。它们分布在街头巷尾、公路两旁,随时随地为汽车消费者提供应急维修服务,非常贴近消费者。它可以是综合维修服务企业或特约维修站的派出机构,也可以是独立维修业户,是汽车维修服务网络的重要补充。

(4)连锁维修服务企业。与连锁配件经销企业一样,在核心企业或总部的领导和技术支持下,通过统一规范化维修作业,批量化配件供应和销售,实现规模效益的经营形式或组织方式。连锁系统像锁链似的分布在各地,形成强有力的维修服务网络,利用资本雄厚的特点,大批量进货和销售配件,以规范化维修作业方式和统一低廉的服务价格,赢得了消费者的信赖,占领了大部分市场。

(5)汽车美容与装饰店。这类企业从事的主要业务是在不改变汽车基本使用性能的前提下,根据消费者的个性化要求,对汽车进行内部装饰、外部装饰、局部改装及汽车清洁养护业务的企业。随着汽车进入家庭,消费者对汽车个性化追求的特征体现得越来越明显,也促进了这类企业的发展。

4)汽车租赁服务企业

租赁服务主要是为短期或临时性的汽车使用者提供各类用途的汽车,按使用时间或使用里程收取相应的费用。租赁企业应为车辆办理上路行驶手续和证照,缴纳与车辆使用相关的各种税费和保险,承担汽车修理和维护费用,为汽车短期或临时性用户提供便利。车辆使用者除支付必要的租金外,仅承担汽车使用的直接费用,如燃油费、过路过桥费和停车费等。这类企业在国外已实现了网络化,可以异地交接车,极大地方便了使用者。国内近年来汽车租赁业发展也相当迅速,但有待规范化管理。

5)汽车金融服务企业

这类企业是以资本经营和资本保值增值为目标,为汽车消费者提供资金融通服务。为客户提供资信调查与评估,提供贷款担保方式和方案,拟订贷款合同和还款计划,发放消费信贷,承担合理的金融风险等服务。在国外,汽车金融服务已成为汽车消费市场的助推器,美国贷款买车者占新车销售的比例达到80%。

6) 汽车保险服务企业

汽车保险服务企业主要是向汽车使用者或消费者提供汽车保险产品的合理设计方案，并提供定责、定损、理赔服务等业务。在我国机动车保险是第一大财产保险，机动车的保险保费收入越过总收入的60%，这类企业一般附属于大型保险公司。近年来还出现了一种新型的汽车保险服务企业——保险公估企业，它以第三方的身份为汽车保险企业和汽车使用者或消费者提供客观公正的定责、定损意见。这种形式的企业诞生，有利于汽车保险市场操作的规范化，有利于平衡保险企业与汽车使用者或消费者间的强弱关系，有利于提高汽车保险服务业的服务水平。

7) 汽车俱乐部

汽车俱乐部主要从事代办汽车年检年审，代理汽车保险理赔、汽车救援、维修、主题汽车文化活动等业务，它是以会员制形式，向加盟会员提供能够满足会员要求的且与汽车相关的各类服务的企业。汽车俱乐部一般分为3种类型：经营型俱乐部，它为会员有偿提供所需的与汽车相关的服务；文化娱乐型俱乐部，它为会员提供一个文化娱乐、交友谈心、交流信息、切磋技艺的场所和环境；综合型俱乐部，它集上述两类俱乐部于一体。

实际上，大型汽车服务企业往往是以上述多种类型的综合经营状态存在。例如：4S店，既从事整车销售、配件供应、汽车维修业务，也从事代办保险、汽车救援、旧车置换等业务，大型汽车维修服务企业集团则是由多个汽车销售、维修、配件经销企业构成。本书所讲的汽车服务企业主要是针对汽车后市场整车销售和售后服务企业。

四、汽车服务企业经营特点

尽管汽车服务企业服务内容涵盖非常广泛，服务形式多种多样，其经营表象也有较大的差异。但是，汽车服务企业的经营特点仍然具有许多共同特性。为做好汽车服务企业管理工作，需要了解以下特点。

1. 经营的顾客中心性

汽车服务企业以潜在和现实的汽车使用者或消费者为服务对象，企业经营的所有活动都是以顾客为中心展开的。特别是随着汽车买方市场特征越来越明显，汽车市场竞争越来越激烈，汽车使用者或消费者拥有越来越多的选择机会。汽车服务企业必须从顾客需求出发来确定自身经营目标和理念，以满足顾客需求来最终实现企业利润。再加上汽车服务企业生产经营过程中顾客参与程度较高，顾客满意度就成了考核企业经营优劣和管理水平高低的重要指标。因此，汽车服务企业都以提高顾客满意度为其重要的经营管理任务。

2. 经营的波动性

汽车是价格比较昂贵的消费品，其供求关系必然会受到国民经济运行波动的影响，消费人群、季节及节假日也是重要的影响因素。因此，为汽车消费者服务的汽车服务企业的经营活动表现出较为明显的波动性。汽车销售市场在每年"五一"和"十一"黄金周前后是汽车产品销售的黄金时间段。这段时间，汽车销售服务企业业务比较繁忙。同时，汽车金融和保险服务企业的经营活动也相应达到高潮。每逢节假日，汽车使用需求急剧扩大，这时汽车租赁企业就会供不应求。私家车消费人群的工作特点导致汽车维修服务企业每逢周末维修服务量会急剧增大。汽车服务企业经营活动的波动性使企业管理面临的挑战是如何合理设计企业的服务能力,如何有效地进行需求管理,采取各种措施使企业的服务能力与服务需求相适应。

3. 经营的社会性

汽车服务企业涉及的服务门类广泛。汽车既可作为私人消费品,也可作为运输生产资料在经济生活中扮演重要角色。汽车服务业产业规模大,实现的经济利润丰厚,同时提供的就业机会多,社会效益良好。汽车服务企业与社会的方方面面联系密切,在国民经济中具有重要的地位与作用,同时也极容易受到外部环境变动的影响。因此,其经营活动表现出很强的社会性,这就要求汽车服务企业密切关注社会环境、技术环境、法律环境的变化,及时调整经营策略,完善与改进经营服务内容,以适应外部环境的变化。

第二节 汽车服务发展现状及趋势

一、国际汽车服务业的形成与发展

1. 国际汽车服务业的形成

汽车工业在全世界获得了迅速的发展,成为很多国家的支柱产业,带动了汽车服务业的形成和发展。汽车服务市场非常大,包括所有与汽车使用相关的业务。发达国家早就进入到了汽车服务时代,汽车租赁、二手车交易、汽车维修和汽车金融等业务,被称之为"黄金产业"。据权威资料统计,近几年,美、英、德等国的二手车交易量都已达到新车销售量的2倍以上,日本二手车年销量已连续6年超过了新车,二手车交易的利润也超过了新车销售利润。全球汽车租赁业的年营业额已超过1000亿美元。以美国最为典型,每9个工人中就有1人从事与汽车相关的生产、销售、服务等工作。

美国的汽车服务概念形成于20世纪初期。20世纪20年代开始出现专业的汽车服务商,从事汽车的维修、配件、用品销售、清洁养护等工作,著名的PEPBOYS、AUTOZONE、NAPA等连锁服务商,都是在这一时期开始创业。时至今日,他们已经成为美国汽车服务市场的中坚力量。美国PEPBOYS已经拥有500多家大型汽车服务超市,每家面积近2000m^2,被称作汽车服务行业的沃尔玛;AUTOZONE发展了3000多家700~800m^2的汽车服务中心;而NAPA的终端则达到10000多家。

进入20世纪70年代,世界性的石油危机和外国汽车大量涌入美国,不仅对美国的汽车工业带来巨大冲击,同时也引起了美国汽车售后服务市场的巨变,经营内容大大扩展,服务理念也大大改变,汽车服务开始向低成本经营转变,注重发展连锁店和专卖店的服务形式。连锁技术的充分应用是美国汽车服务业最大的特点。在美国几乎不存在单个的汽车服务店,无论全业务的PEPBOYS汽车服务超市,还是单一功能的洗车店,无不以连锁的形式经营。这种模式不但能满足汽车服务行业发展与扩张的需要,而且能保证服务的专业化、简单化、标准化和统一化,得到了从业者和消费者的普遍欢迎。

美国不但有数千平方米的PEPBOYS连锁店的大型卖场,也有AUTOZONE这样的一站式汽车服务中心;有星罗棋布、分散于大街小巷的便利型连锁店,还有各式各样的专业店,比如专业贴膜、专业喷漆、专业安装音响等。多种业态各有优势、相互补充,满足不同层次消费者的不同需要,各有自己的生存与发展空间。例如在美国,一家PEPBOYS的大卖场周围一般都会聚集很多小店,每间100～200m^2,可以修换轮胎、改装底盘、贴太阳膜等。每家不仅充分地把自己的优势发挥到极致,还与其他的商家相结合,成行成市,一起满足消费者的需求。分工已经从生产领域扩展到了服务领域,消费者更依赖专业化,而不再相信全能性质的服务。

有资料表明,经过近百年的发展,美国的汽车服务业已经在汽车产业链中占据重要位置,其规模达到近2000亿美元,而且是整个汽车产业链中利润最丰厚的部分,汽车维修服务业已经成为美国仅次于餐饮业的第二大服务产业,并连续30年保持持续高速增长,是美国服务行业的骨干。

2. 国际汽车服务发展新趋势

1) 品牌化经营

一辆车的交易是一次性的,但是优秀的品牌会赢得顾客一生信赖,这就是品牌的价值所在。品牌可以使商品卖更好的价钱,为企业创造更大的市场;品牌比产品的生命更为持久,好的品牌可以创造牢固的客户关系,形成稳定的市场。

品牌经营是一门艺术。品牌经营要求企业告别平庸,打动顾客。有人认为汽车工业是重工业中唯一涉及时尚的行业,因为汽车代表着厂家的形象,也代表着用户的形象。

品牌对经营者是一种耐心的考验。品牌如同一个精美的瓷花瓶,烧制不易,价值连城,但是失手打破却是再简单不过的事。一个汽车公司或一家经销商,每天有成千上万接触顾客的机会,每次机会都可能产生重大的影响。

在国外,著名汽车厂家的产品商标同时也是服务商标,特别是在汽车修理方面,如果挂出某一大公司的商标,就意味着提供的服务是经过该公司认可的,使用商标是经过该公司许可的。而国内还是远远没有认识到。近年,德尔福宣称要在中国树立汽车品牌服务形象,应该说是国外品牌服务向国内进军的开始,美国的保标快修业到中国推行连锁加盟计划,实际上就是以品牌带动服务网络建设。

2) 从修理为主转向维护为主

汽车坏了就修理还不是真正的服务,真正的服务是要保证用户的正常使用,通过服务要给客户增加价值。厂家在产品制造上提出了零修理概念,售后服务的重点转向了维护。20世纪80年代,美国汽车维修市场开始萎缩,修理工厂锐减了31.5万家,与此同时,专业汽车养护中心却出现爆炸性增长,仅2010年一年就增加了3.1万家。目前,美国的汽车养护业已经占到美国汽车维修行业的80%,年均收入超过1000亿美元。

3) 电子化和信息化

随着电子技术的发展,汽车的电子化水平越来越高,一些汽车产品已经实现几乎全车所有功能的电脑控制,如动力系统、制动系统、悬架系统、空调系统、转向系统、座椅系统、灯光系统、音响系统等,车载通信系统、车载上网系统、车载电子导航系统等也得到越来越多的应用,因此汽车的维修越来越复杂,维修人员凭经验判断故障所在的时代早已经过去,现在汽车的维修需要通过专门仪器进行检测,运用专用设备进行调整。汽车修理所需要的产品数据也以电脑网络、数据光盘的形式提供,不再需要大量的修理手册。汽车厂商和修理商也会提供网上咨询,帮助用户及时解决使用中的问题。

4) 规模化经营和规范化经营

汽车维修行业的规模化经营与汽车制造业不同,不是通过建立大规模的汽车修理厂或汽车维修中心,而是通过连锁、分支机构实施经营。美国的保标快修业在美国本土就有1000家加盟店,并在全世界扩展自己的网络系统。

规模化经营同规范化经营是密不可分的。在同一连锁系统内,采用相同的店面设计、人员培训、管理培训,统一服务标识,统一服务标准,统一服务价格,统一管理规则,统一技术支持,中心采用物流配送,减少物资储存和资金占用,降低运营成本。

由于汽车产品的复杂化,导致维修技术也越来越复杂,难度越来越高,维修设备的价值越来越高,已经不能像原来那样每个维修服务点都购置一套。为此,国外汽车公司开始实行销售和售后服务的分离,即在汽车厂家提供越来越周到的售后服务的同时,汽车的维修行业也出现专业化经营的趋势,如专营玻璃、轮胎、润滑油、美容品、音响、空调等。专业化经营具有专业技术水平高、产品规格全、价格相对比较低等优势。与此同时综合化(一站式)经营也发展很快,如加油站同时提供洗车、小修、一般维护、配件供应等服务。

二、我国汽车服务业的形成与发展

我国当前是全球第一大汽车制造国和第三大汽车消费国,巨大的汽车后服务市场逐渐形成。到2013年,我国汽车保有量将达到1.37亿万辆,与之配套的汽车服务市场也将随之蓬勃发展,形成2万亿元到3万亿元的超大规模"黄金"市场,将步入汽车后服务时代。

我国的汽车服务体系历经了三个主要发展阶段。

1. 起步阶段

1956年随着长春一汽的建成投产,我国的汽车工业从无到有,汽车服务业也随之进入起步阶段。这个阶段的汽车生产、汽车销售与汽车维修服务都是在国家计划经济的体制下运行的,归属于国家不同的产业部门管理,汽车的生产、流通与维修服务的各项职能被人为分割,各自独立运行。各生产企业缺乏自主经营权,企业间也不存在竞争关系。汽车服务仅局限于汽车维修服务这一单一类别,几乎没有其他的服务内容。

起步阶段是1956年~1984年,由于这一时期国家的经济基础比较薄弱,汽车数量少、汽车品种单一,且由于汽车用户几乎都是国有或集体所有制的企事业单位,对汽车服务除汽车维修质量外也无太多要求,使得我国的汽车服务业在这一阶段发展速度缓慢,服务内容也很不健全。

2. 发展阶段

1985年~2003年,国家全面进入市场经济建设时期,单一的计划经济体制被彻底打破,市场逐步成为资源配置的主角,市场竞争日趋激烈,随着汽车市场的开放,个人购车大幅增加,使汽车保有量也迅速增加。这些变化直接推动了汽车服务业的发展,对汽车服务业的服务内容也提出了新的要求,促使汽车服务业突破单一的汽车维修服务形式,新的汽车服务项目随之出现并得到发展。如汽车配件市场、汽车厂家的售后服务体系的建立、特约维修站、汽车分期付款的销售方式都是在这一时期出现的。在这一时期,汽车的驾驶培训服务、报废车回收服务也得到强化和规范。

3. 全面形成阶段

从 2003 年至今,是我国汽车服务业全面形成的阶段。在这一阶段,我国的汽车工业得到了稳步、健康的发展,轿车开始进入家庭,汽车的买方市场已经形成,私人购车已经逐步占据了汽车市场的主导地位。在这种背景下,我国的汽车服务业出现了剧烈的变革,针对汽车用户日益增长的各种需求,我国汽车服务业的服务范围迅速扩大,服务的内涵极大地丰富,服务的水准也得到较大提高,汽车服务工程体系基本形成,并逐步与国际汽车服务业接轨。

三、我国汽车服务业的基本现状

统计表明,目前国内仅汽车维修正式注册的企业就已达 300 万家。在汽车用品及服务方面,仅经营汽车美容的企业就有近百万家。但与国外企业相比,国内汽车服务行业仍存在许多不足,主要体现在以下几个方面:

1. 服务质量不高

随着我国汽车市场的逐渐成熟,消费者对经销商提供的服务要求也越来越高。而我国汽车服务行业中汽配城和路边店占有相当大的比例,不能满足汽车消费者日益增长的服务要求,汽车服务质量在整体上尚处于低水平状态。

2. 从业人员素质较低

提高服务质量取决于汽车服务业从业人员的自身素质和技术水平。而该行业在起步阶段大多由一些文化层次较低的人从事作业,如进城务工的农民。这些人由于自身素质所限,使行业的技术力量水平明显偏低,行业的技术服务质量也受到了很大影响。汽车服务业对从业人员不仅要求有吃苦耐劳的精神,更侧重于专业技能。因此,随着我国汽车产量进一步扩张,未来相当长的时间内,涉及汽车后市场的汽车企业业务管理、汽车技术服务与贸易、汽车保险与理赔等内容的企业市场行为会越来越多,这也急需大量相关懂得汽车专业知识的相关人才。

3. 管理方式滞后

我国的汽车服务业管理方式滞后主要表现在两个方面:一是服务管理理念落后。"以人为本,顾客至上","理解顾客需求,满足并争取超越顾客要求"的先进理念在我国汽车服务业内还未普遍建立,主要表现在企业生产过程中重视硬件设施建设,忽视对服务质量的管理;二是管理技术落后。我国的汽车服务企业和部门还未普遍采用先进的信息化管理手段,使得管理效率低下,阻碍了汽车服务业的发展。

4. 管理制度法规不健全

目前国内汽车服务业还没有形成一整套严格的行业标准和服务体系。例如没有旧机动车评估的国家标准,国家尚无汽车租赁业务的相关管理条例和法规,汽车美容装饰业的价格标准、质量标准和工时标准缺少明确的统一规范等,这些都是汽车服务企业经营不规范的形成原因。汽车服务市场的发展呼吁国家有关部门尽快制定出一整套关于汽车服务市场管理的相关的政策、规范和法规,以引导汽车服务业健康发展。

四、我国汽车服务业的发展趋势

在新的历史时期,全球实现经济一体化步伐越来越快,国民经济面临全面的国际竞争与合作,这将拉动我国汽车服务业的大力发展。通过引进先进的服务和管理理念,将逐步缩短与国际先进水平的差距。

1. 汽车服务业管理规范、法规将逐步完善

2003年以来,政府有关部门出台了一些与汽车服务业相关的重要制度与政策措施,如新《保险法》、《道路交通安全法》、《汽车金融公司管理办法》及其实施细则、《缺陷汽车产品召回管理规定》、《汽车信贷管理办法》、《汽车品牌专卖管理办法》、国家交通部发布的《机动车维修管理规定》等。随着汽车服务市场的发展,国家还会不断地制定和完善关于汽车服务业管理的规范、法规,将对我国汽车服务市场的发展产生积极影响。

2. 商家提供诚信和优质的服务将是汽车服务的重心

现在许多从事汽车服务业的人士已经充分认识到优质的服务对企业和行业发展的重要意义。"企业的一切经营活动都要围绕顾客的需求"的理念已经越来越被业内人士接受,许多商家通过自律,改正过去的服务欺诈行为,以树立自己诚信和优质的服务形象,这将带动汽车服务业整体形象的提升。

经销商为摆脱伪劣商品对市场的冲击及营销无利可图的局面,由单纯的商品经营模式改为品牌经营、网络经营、深度开发经营、团队经营等全方位经营模式。通过经营创新,开发新的利润空间实现差别化竞争;通过注重投资和品牌建设,把连锁经营的稳定感、信任感和安全感带给顾客。

3. 汽车服务业正向"连锁店"和"一站式服务店"两个方向发展

连锁经营在汽车服务业中是比较理想的模式,它有助于提高整个行业的服务水平。中国汽车后市场已经掀起了加盟连锁浪潮,并成长了一批有影响的汽车服务企业,有的企业服务连锁店的数量已超过千家。据业内专家分析,连锁经营将是未来汽车服务行业的主流运营模式。连锁业的兴盛不但能大大提高商业流通领域的效率,而且对制造业、服务业等产业也带来深远的影响,更重要的是它使消费者受益,提升了人们的生活品质。

4. 市场竞争日趋激烈

我国将给予外商全面的贸易权和分销权,开放企业营销、批发和零售、售后服务、产品修理、维护、物流运输、金融服务等与服务贸易有关的市场。在国际和国内的两个汽车服务市场上,我国的汽车服务业将与国际国内的同业者开展全面充分的市场竞争。因此,我国的汽车服务业必须面对日趋激烈的国际国内竞争市场。

5. 增加更多的就业岗位

汽车服务业吸纳就业的能力尤为重大。至2020年我国人口预计达到15亿人左右,大约需要7亿~8亿个就业岗位,如果按照目前发达国家汽车及相关产业提供18%的就业机会计算,到时我国汽车及相关产业提供的就业岗位将达到1.2亿~1.4亿个,其中汽车服务业直接提供的就业机会将在8000万个以上。这是个庞大的就业市场,对于解决我国长期面临的就业压力,将起到不可估量的作用。

综上所述,汽车服务业不仅是汽车工业的重要组成部分,更是国民经济的重要组成部分,对国家经济发展和社会的稳定起到十分重要的作用。

第四章 典型汽车服务介绍

汽车服务按服务内容的特征分为汽车营销服务、汽车保险与理赔服务、汽车鉴定与评估服务、汽车技术服务、汽车美容与装饰服务等,本章对其进行简要介绍。

第一节 汽车营销服务

一、汽车营销

1. 汽车营销的定义

汽车营销是指汽车相关企业或个人通过调查和预测顾客需求,把满足其需求的商品流和服务流从制造商引向顾客,从而实现其目标的过程。具体含义如下:

(1)汽车营销始于顾客的需要。汽车营销首先通过调查和预测顾客的需要,然后针对顾客的需要,决定采用何种产品和服务来解决顾客需求。

(2)汽车营销的目的在于通过销售和服务与目标顾客建立关系。一次交易是构建与顾客长久交易的一部分,企业或个人通过售前、售中、售后服务为顾客提供满意的服务,在完成销售的同时,建立较持久的顾客关系,获得顾客信赖。

(3)汽车产品包括实质产品和服务产品两部分,服务伴随着产品的始终。

2. 汽车营销服务的主要工作内容

根据汽车营销运作过程的不同,汽车营销服务的主要工作内容包括以下5个方面:

(1)汽车市场调查。掌握市场调查的方法、程序,撰写市场调查报告,进行市场预测。

(2)汽车市场分析。主要从环境、顾客、竞争者、产品、产品定位、品牌和价格的角度对市场展开分析,提高营销人员的市场分析能力。

(3)汽车销售技巧。从汽车制造商出发到实现销售进而到顾客满意的全过程中,研究营销人员的行为表现,提高营销人员的销售技能。

(4)顾客服务。现代汽车市场的竞争逐步演变为服务的竞争,主要对汽车售前、售中、售后各环节开展服务进行分析,提高服务质量。

(5)汽车营销策划。介绍汽车企业营销策划、实施、控制的全过程。

3. 汽车营销人员的基本要求(表4-1)

汽车营销人员的基本要求　　　　　　表4-1

方　面	基　本　要　求
品德素质	积极向上的心态;谦卑的态度;坚持不懈的决心;学会不断总结;合作的态度
外在形象要求	仪容美;仪态美;仪表美;良好的谈吐修养
汽车专业知识要求	具有宽广的专业基础,能基本掌握并向顾客介绍所售汽车产品的内部配置和各项性能指标
销售能力要求	善于观察市场;确立顾客利益;树立顾问形象;掌握营销沟通技能

二、汽车营销部门的组织结构

汽车4S店或经销企业的销售部门有许多组织结构形式,常见的有职能型、地区型、品牌型和市场管理型4种。不论采用哪种类型,都应体现以顾客为中心的营销指导思想。

1. 职能型汽车销售的组织结构

最常见的职能型营销组织结构是在营销副总的领导下由各种营销职能人员组成,包括展示厅经理、推销经理、营销行政经理、广告和促销经理、客户服务经理(图4-1)。营销副总负责协调各营销职能经理之间的关系。

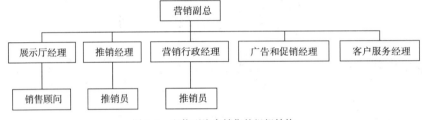

图4-1　职能型汽车销售的组织结构

2. 地区型汽车销售的组织结构

在一个较广阔范围内销售的汽车销售企业,往往按地理区域组织其推销人员。推销部门有1个负责整体区域的经理,多个区域推销主管和众多的推销员(图4-2)。从整体区域推销经理到区域推销主管,其所管辖的下属人员的数目即"管理幅度"逐级增加。在推销任务复杂,并且推销人员对于利润的影响至关重要的情况下,这种分层的具体控制是很有必要的。

图4-2　地区型汽车销售的组织结构

3. 品牌管理型汽车销售的组织结构

代理多种不同品牌车辆的企业,往往按车辆品牌建立管理型的组织,即在一名营销总品牌经理领导下,按每个品牌分设一名经理,再按每种具体品种设一名经理,分层管理(图4-3)。

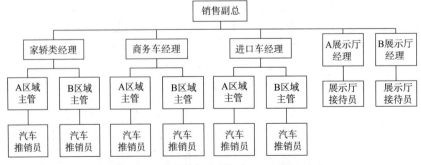

图4-3　品牌管理型汽车销售的组织结构

4.市场管理型汽车销售的组织结构

当可以对客户特有的购车习惯和车辆偏好进行细分时,就需要建立市场管理型组织。它同品牌管理型组织相类似,由一个总市场经理管辖若干细分的市场经理。各市场经理负责自己所管辖市场的年度销售利润计划和长期销售利润计划。典型的市场管理型汽车销售的组织结构,如图4-4所示。

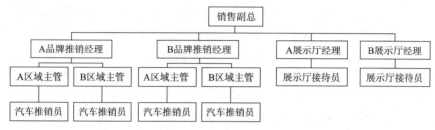

图4-4 市场管理型汽车销售的组织结构

三、汽车销售服务模式

汽车消费者希望在适当的时间和地点购买到其所需的汽车产品;汽车生产者希望其所生产的产品能迅速、顺利地转移到消费者手中,实现汽车产品的价值和使用价值,促进生产的发展。因此,销售模式的多样化符合当前汽车市场发展阶段的特点,符合汽车消费群体的不同需求,适应不同区域市场差异的要求。主要的汽车营销模式有四种,即多品牌的普通经销、连锁品牌专卖、汽车交易市场、网络销售等。多数制造商是以特许经营的品牌专卖店为主体,一般的普通经销商和网络销售为补充。

1.普通经销商销售模式

(1)不限定区域。普通经销商是指从货物交易中,取得商品所有权的中间商。它属于"买断经营"性质,具体形式可能是批发商,也可能是零售商。经销商最明显的特征是将商品买进以后再卖出,由于拥有商品所有权,经销商往往制订自己的营销策略,自行确定销售区域,以获得更大的效益。

(2)经销商认定条件相对宽松。汽车经销商的一般条件有:属于合法注册的企业法人,注册资金不低于一定数额(具体要求与其经营的汽车品种有关),具有拟分销车型的经营资格,有固定的或属于自己的经营场所,有一定的自由流动资金,在当地有较好的银行信贷和一定的融资能力。

(3)多品牌经营。普通经销商通常是根据市场需求经营多个品牌的产品,汽车制造企业没有对其进行培训和规范化的义务。因此,汽车制造商对经销商也没有额外的限制,其收益主要来自于商品买卖之间的差价。

在普通经销商的销售模式中,经销商承担的主要义务是分销,即制造商通过经销商将产品销售给消费者。多品牌销售使人员素质难以控制,普通经销商的销售模式不是目前市场交易的主流模式。但随着多种资本进入汽车市场,一批私营或股份制销售商家正在迅速崛起,有的甚至被多个汽车厂家同时看好,成为专业化、多品牌的特许专营商。

2.连锁品牌专卖销售模式

连锁品牌专卖是汽车制造商与经销商签订合同,授权汽车经销商在一定区域内从事指定品牌的营销。多数品牌专卖是以汽车厂家的连锁式品牌专项经营为主体，以整车销售（Sale）、配件供应（Spare part）、维修服务（Service）和信息反馈（Survey）的四位一体为特色的综合性汽车营销模式。因此，汽车品牌专卖店也被人们称为4S店。目前它已成为我国汽车销售的主要模式，连锁品牌专卖区别于其他销售模式的特点如下：

1）要求统一规范、统一标识、限定价格、限定区域

连锁品牌专卖店统一的店面形象和舒适的购车环境给人强烈的视觉冲击，能有力地提升汽车生产企业的形象，并为企业品牌树立良好的形象。如一汽丰田、北京现代、广州雅阁等品牌专卖店，均已实施从外观形象到内部布局、从硬件投入到软件管理，售前、售中和售后等一系列服务程序，都有统一规范、统一标识、统一管理，并实施严格的统一培训。

为了减少流通环节，增加汽车市场的透明度，汽车生产企业对同一品牌汽车在不同地区销售实行统一限定的最低零售价，配件价格也由生产企业实行全国统一限价，其中主要部件自给。这既保证了配件质量，又降低了成本。

为了统一销售政策，生产企业还给经销商划定市场范围，实行区域内以直销为主的终极用户销售，限制跨地区经营。同时建立了完备的信息反馈系统和开户管理系统，使厂商及时跟踪用户使用情况，改进产品设计。

2）具有排他性

连锁专卖店的排他性主要体现在不得经销其他品牌的产品，而且一个汽车品牌在某个城市的专卖店数量是有一定限量的。由于专卖制度具有排他性，使真正有实力的经销商可以借助品牌专卖的方式淘汰许多竞争对手，从中获得稳定的收益，并把主要精力放在发展自己区域内的客户上，用良好的服务稳定用户。这种经销队伍的优胜劣汰，对净化汽车流通市场可以起到积极作用。

3）具有严格的认定条件

实行连锁品牌专卖后，生产企业在选择经销商的过程中，要对经销商的融资能力、资金周转、财务状况、售车经验、服务水平等多方面进行严格的综合评估和资格认证。同时还要有严格的信息管理运作程序，将每天各专营店的销量、库存、需求及品种等各方面的信息及时反馈、汇总和分析，为新车型的规划、研发和产品的完善提供必要的市场资料和操作依据。

4）经销政策透明公正

生产企业给予经销商地区垄断的经营地位，保证经销商有合理的利润率，并对品牌专卖的企业确立了同一规模、相同标准的返利政策。合理的毛利率和公平有序的竞争环境避免了销售网络内经销商之间的无序竞争，并形成一致对应其他品牌的竞争格局。这样既可以使经销商接受限价、限量的规定，又可吸引众多投资。

品牌专卖模式有利于改善我国汽车销售的混乱营销局面，强化营销资质认定，规范汽车交易行为，而且可以帮助汽车制造厂商增加利润、扩充资本积累，有益于扩大生产和增大科技开发力度。由于责任明确、产品售后服务方便、有保障，对于广大消费者来说，利大于弊。同时，真正有实力的汽车经销商可以借助"专卖制"砍掉许多竞争对手，从中受益。这种营销模式对汽车工业的发展是大有好处的。

品牌专卖模式的优势主要是在于汽车制造厂商与经销商的利益一致、策略互补，减少了中间环节和责任冲突，有利于营销的拓展，而且汽车制造厂实行经销商区域代理，统一服务

规范,减少了经销商之间的无序竞争与抬价、压价。特别是连锁品牌专卖能够使各店共享品牌资源,降低宣传成本。由于采取四位一体模式,生产、销售、维修服务由汽车制造厂商负责到底,汽车制造厂商对连锁品牌专卖店的专业营运管理和技术支持,使消费者可在车辆购买、使用方面做到放心、称心。

在现阶段,品牌专卖模式是适应我国国情的理想汽车销售模式,这种模式将是今后几年我国的主流汽车销售模式,在我国还有较长一段路要走。

3. 汽车交易市场销售模式

汽车交易市场包括普通经销商和位于交易市场内的品牌专营店。在一些大城市,汽车交易市场的成交额占到总成交额的一半左右,汽车交易市场在中国目前销售渠道中的地位十分突出。

汽车交易市场是符合国情、民情、商情,具有市场生命力和经营活力的成功的营销模式,是在传统的汽车流通模式的基础上发展建立起来的,是适应我国市场经济初级阶段和发展现状的。大型汽车交易市场具有知名度高、综合性客流量大、商家品牌多、便于购车者选择比较、服务功能齐全、交易集中、经销商经营成本低等诸多优势,能满足不同层次的消费者的需要,其特点如下。

1) 容量大、品牌齐全

汽车交易市场作为一种已经存在数年的汽车销售模式,因其营业面积大,销售的品牌齐全,在配套设施上相对完善,市场内部竞争激烈,消费者可以在价格上得到实惠,办理各种手续比较简便,再加上配件等也可以在市场内一次购齐等优点,因此这种富有中国特色的汽车交易市场将会在一段时间内备受欢迎而存在。

2) 普通经销商和特许经销商同场竞争

汽车交易市场管理者与经营者作用分明,功能清晰。市场管理者主要为经营者服务,为购车者提供服务;另外厂家同意特许专卖店的进入,可以满足不同消费者需求。在市场内,独立经销商和分散的个性化销售也开始占有一定的份额,私人、私营、股份制的商家迅速崛起,还有部分有实力的企业集团,如果被多个汽车厂家看好并授予特许专营权,就可拥有多个品牌的经销权,而汽车交易市场即为普通经销商和特许经销商同场竞争提供了平台。

3) 实现价值增值链

汽车是一个最终消费品,它具有相当长的价值增值链。如销售、金融服务、上牌照、保险、维修服务、汽车美容养护、置换、培训等。消费者在享受汽车文明的同时,渴望能得到上述服务行业便捷、高质量、高水准的服务。在这一点上,有形汽车交易市场具有不可替代的优势。汽车交易市场人流、物流、信息流非常集中,能提供全方位的服务。消费者进入市场,与汽车有关的物品和服务应有尽有,不仅购车可以货比三家,按揭、置换、装潢、美容、保险、维修等服务也都可以货比三家,有的汽车城还设有上牌代理点。

目前越来越多的汽车有形市场如同雨后春笋般成为我国汽车销售的主流模式,如北京的亚运村、北方汽车交易市场、天津空港汽车园、上海国际汽车城、厦门国际汽车城、济南匡山汽车大世界等一大批大型汽车市场纷纷成立。

4. 网络销售模式

随着网络技术的日臻完善,网上购车已经成为现实。汽车是高端产品,在网络上能够运用多种传播手段,比如汽车视频、动态的FLASH,这些配合汽车的音响效果,形成强势的立体传播。国内大部分汽车企业都建立了自己的网站,网络营销也将成为汽车企业接触用户的一种新的有效途径。

网络销售模式能最大限度地超越时空和地域的界线,直接同世界各地用户接触,减少交易时间,降低交易成本。

1)汽车网站现状

汽车网站是指在国际互联网上登记的各种有关汽车的站点。世界上的汽车网站很多,大致可以分为两大类。

（1）综合性网站。提供汽车新闻、汽车知识、汽车技术、发展动态、车型介绍、汽车工具书、汽车竞赛、车迷活动、二手车信息、车路地图等。如新浪、TOM、搜狐、网易汽车频道、太平洋汽车网、QQ汽车频道、中国汽车网、锐新锐车网等。

（2）各汽车生产厂家的网站。提供公司介绍、产品介绍、汽车图片、维修服务等方面的信息。如大众汽车公司网站、丰田汽车公司网站等。

2)网络销售的发展前景

汽车团购在我国迅速兴起,团购使消费者获利,增加销售商的销量。"在市场看车,网络上团购车"可极大地提高商务活动效率,减少不必要的中间环节,使生产"直达"消费,开创了"无店铺"、"网上营销"的新模式。但是汽车是比较特殊的产品,必须向用户提供专业的、大量的服务,光靠互联网是解决不了的。

因此选择网上售车,必须同时解决汽车从出厂到办理各种手续,以及未来的维修、事故处理、保险理赔这些服务。因此这种模式下,汽车企业仍需经销商,但是他们只提供这些服务,从这些服务中获取利润,这种方式在中国也是一个发展趋势。而实际上目前低成本运营的汽车经销商的实际整车销售利润已经很低,售后服务是汽车销售服务的主要收入来源,汽车网站可以和技术水平、信誉度高的销售商或维修厂进行合作,进一步降低汽车的营销成本,完善售后服务。

四、汽车销售服务的改革趋势

《汽车品牌销售管理实施办法》施行后,汽车销售领域经销商将面临大洗牌。改革汽车销售模式或在现有模式的基础上完善服务功能势在必行。

1. 从传统展厅销售向顾问式销售转型

我国目前的几种汽车销售模式无论采用哪种类型,都还属于传统的展厅式销售。展厅式销售,不易克服的一个缺陷在于被动式的待客,缺乏对客户群的主动研究和细分、定位。而顾问式销售显然可以很好地弥补这一缺陷,通过一对一专家顾问式销售,可以把售前咨询、售中服务、售后维护有机结合起来,形成面向客户的全程销售模式,减少来自不同环节的潜在客户流失。因此,顾问式销售是变被动销售为主动销售的捷径。美国汽车销售员大部分是学历很高、受过专业培训的汽车销售工程师。销售员不仅负责开拓新客户,同时也负责老客户的再开发。

顾问式销售人员主要的工作职责是通过公司的合作伙伴、自身销售能力以及公司提供的准客户名单等各种销售方式挖掘和积累准客户信息;结合客户的家庭环境、收入情况、工作特点、生活习惯、兴趣爱好,根据自身的专业知识和市场信息,帮助消费者缩小被选车辆的范围;根据消费者的要求以方便客户为原则,安排目标车辆试驾计划,让消费者充分体验目标车辆的性能特点,从而帮助其作出选择,即"私人定制";一旦客户作出选购车型决定后,为客户在价格、保修等各方面争取最优惠条件,协助财务安排保险建议以及办理上牌等手续;陪同客户前往提车,为客户检查新车车况,提供新车装饰以及各种必备配件选购建议,协助采购,并且讲述新车维护注意事项;随时为客户解答疑难问题,为车辆异常情况提供专业意见;定期联系关怀、掌握客户车辆使用情况,提醒车辆维护事项,把握客户二次购车机会。

这种顾问式的汽车销售不仅仅是提高销售人员的素质与销售能力的问题,而且是对原有销售模式的一种改革。

2. 从产品销售向服务销售转型

随着国民收入的持续增长以及私人购车比重的迅速上升,汽车消费规模、结构和潮流都会日益丰富。多样化、多变化的消费需求,使驾车族从对产品的关注转向对服务的关注日渐明显,而经销商队伍的持续增加,也使得产品同质化趋向加强,今后服务将成为经销商建立竞争优势的主要手段。除了销售过程中的必须服务和售后维修外,包括汽车租赁、汽车维护、汽车置换、汽车快修连锁等在内的增值服务将获得迅速发展。汽车增值服务业从汽车销售行业中脱离出来,成为有一定市场规模的、具备高速增长潜力的新的独立行业,这也将成为汽车销售服务的改革方向。

3. 从普通经销向规模分销转型

汽车销售行业目前通行的商业模式是以合格证抵押融资,从厂商处以代理价进货,再以零售价售出。应该说,这是目前汽车销售行业比较经济的做法。然而,随着汽车整体市场的进一步壮大,以及汽车消费的逐渐成熟,汽车销售行业的规模化必将提上日程。要实行规模化,除了品牌代理多元化和跨区域渠道分销外,改变目前的普通经销模式,推行规模分销,是一条重要出路。所谓规模分销,即大批量进货、包销买断、低价销售、快进快出。采用规模分销可以做到商业信用、银行信用的结合,可以在进销两头争取主动,可以有利于实现最低价进货、最快出货,盘活现金流和零库存。

4. 从以新车销售为主向新车、二手车并重转型

美国的汽车销售中,二手车业务往往要占到整体销量的25%~30%,而二手车业务的利润要占到整体销售利润的30%左右,可见二手车业务已经成为美国汽车销售行业非常重要的业务领域。中国目前汽车保有量正在迅猛增长,5~10年后,中国二手车业务将有望达到高峰期。越来越多的经销商将在新车销售以外,重点拓展二手车业务,以实现新旧车业务的互动。从以新车销售为主,向销售新车、二手车并重转型,这将成为汽车销售服务的改革重点。

第二节 汽车保险与理赔服务

一、汽车保险基础知识

1. 保险概念与术语

可从不同角度进行阐述保险概念(表4-2)。

保险的概念 表4-2

角度	保险概念
经济学角度	保险是通过收取保费建立保险基金,然后对个别客户出现的意外事故损失进行赔偿,所以保险是分摊意外事故损失的财务安排,这体现了保险"一人为众,众人为一"的保险互助精神
法律角度	保险是保险人同意补偿被保险人损失的一种合同安排,也就是说,保险人根据保险合同对被保险人的经济损失无论多少,都必须按合同规定给予赔偿,这体现了保险合同的严肃性和其所具有法律效力的不容忽视性
社会角度	保险是稳定社会生产和社会生活的一种事物,具有积极的作用
风险管理角度	保险是一种具有分散风险、消化损失的非常有效的风险管理方法。每个企业所面临的风险种类众多,同时可采用的风险管理方法也非常丰富,而保险能够把企业不确定的巨额灾害损失化为固定的少量的保险费支出,并摊入企业的生产成本或流通成本,因此,保险是众多风险管理方法中非常有效的风险管理方法之一
保险法规定	《中华人民共和国保险法》(简称《保险法》)第2条规定:保险是指投保人根据合同约定,向保险人支付保险费,保险人对于合同约定的可能发生的事故因其发生所造成的财产损失承担赔偿保险金责任,或者当被保险人死亡、伤残、疾病或者达到合同约定的年龄、期限时承担给付保险金责任的商业保险行为。 《保险法》将保险分为财产保险和人身保险两类。同时,《保险法》规定同一保险公司不得同时经营财产保险业务和人身保险业务

保险术语(表4-3)。

保险的术语 表4-3

名词术语	含义
保险人	保险人是指与投保人订立保险合同,并按照合同约定承担赔偿或者给付保险金责任的保险公司; 保险人与投保人订立保险合同时,享有收取保险费的权利,在保险合同约定的事故或事件发生后,必须承担赔偿保险金的义务和责任。各国法律通常规定保险人必须是法人,在我国它必须是依照《保险法》设立的保险公司以及法律、行政法规规定的其他保险组织,其他单位和个人不得经营保险业务
投保人	投保人是指与保险人订立保险合同,并按照合同约定负有支付保险费义务的人; 投保人不管是自然人还是法人,都必须具备民事权利能力和民事行为能力。民事权利能力是指民事主体依法享有民事权利和承担民事义务的资格;民事行为能力是指民事主体能够通过自己的行为依法行使权利和承担义务的资格。同时,投保人对保险标的必须具有保险利益,否则,保险合同无效
被保险人	被保险人是指其财产或者人身受保险合同保障,享有保险金请求权的人。投保人可以为被保险人。可见,被保险人是在保险事件发生时,实际受损的人; 被保险人与投保人的关系有两种情况,一是投保人为自己的利益而签订的保险合同,此时投保人即为被保险人。另一种是投保人为他人的利益而签订的保险合同,此时投保人和被保险人为两个不同的人
受益人	受益人是指人身保险合同中由被保险人或者投保人指定的享有保险金请求权的人。人身保险的受益人由被保险人或者投保人指定。投保人指定受益人时须经被保险人同意。被保险人或者投保人可以指定一人或者数人为受益人。受益人为数人的,被保险人或者投保人可以确定受益顺序和受益份额;未确定受益份额的,受益人按照相等份额享有受益权; 被保险人或者投保人可以变更受益人并书面通知保险人,投保人变更受益人时须经被保险人同意

续上表

名词术语	含义
保险合同	保险合同是投保人与保险人约定保险权利义务关系的协议。汽车保险的保险合同由保险条款、投保单、保险单、批单和特别约定共同组成
保险标的	保险标的是保险保障的目标和实体,是保险合同双方当事人权利和义务所指向的对象。
保险金额	保险金额是指保险人承担赔偿或者给付保险金责任的最高限额; 保险金额对被保险人来说有三项意义:它是交费的依据;它是获得保险赔偿的最高额;它是获取预支的合理费用补偿的最高额
保险费	保险费是投保人为转嫁风险支付给保险人的与保险责任相对应的价金
保险密度	保险密度是指人均保费收入,这是衡量一个国家保险业发达程度的一个重要指标。人均保费收入越高,说明一国保险业相对越发达
保险深度	保险深度是指保费收入占国内生产总值(GDP)的百分比,这是衡量一国保险业发达程度的又一重要指标。保险收入占国内生产总值的比例越大,说明一国保险业相对越发达
保险中介	保险中介是指专门从事保险销售或保险理赔、业务咨询、风险管理活动安排、价值评估、损失鉴定等经营活动,并依法收取佣金或手续费的组织或个人; 保险中介的主体形式多样,主要包括保险代理人、保险经纪人和保险公估人。这三类保险中介由于具有专业化、职业化、技术强、服务好的特点,适应了保险业结构调整和保险市场化发展要求的需要,所以近几年发展速度非常快
保险代理人	保险代理人是根据保险人的委托,向保险人收取代理手续费,并在保险人授权的范围内代为办理保险业务的单位或者个人; 保险代理人可以分为三类:专业代理人、兼业代理人和个人代理人; 专业代理人是指从事保险代理业务的保险代理公司,在保险代理人中,它是唯一具有独立法人资格的保险代理人; 兼业代理人是指受保险人委托,在从事自身业务的同时,指定专人为保险人代办保险业务的单位; 个人代理人是指根据保险人委托,向保险人收取代理手续费,并在保险人授权范围办理保险业务的个人
保险经纪人	保险经纪人是基于投保人的利益,为投保人与保险人订立保险合同提供中介服务,并依法收取佣金的单位
保险公估人	保险公估人是指为保险合同中的保险人或被保险人办理保险标的的查勘、鉴定、估损、赔款理算并予以证明的受委托人。被保险人和保险人都有权委托保险公估人办理相关事宜; 由于保险公估人通常是由具有专业知识和技术的专家担任的,且处于第三者的地位,与保险合同当事人双方以及保险标的均无经济利害关系,因此,保险公估人能保持公平独立、公正的立场,出具客观公正的公估报告,有利于解决保险争议

2.汽车保险含义与发展

汽车保险以汽车为保险标的,其保障范围包括汽车本身因自然灾害或意外事故导致的损失及汽车所有人或其允许的合格驾驶员因使用汽车发生意外事故所负的赔偿责任。

汽车保险既属于财产损失保险范畴又属于责任保险范畴,是综合性保险。

汽车保险是伴随着汽车的出现而产生的,在财产保险领域中属于一个相对年轻的险种。汽车保险的发展过程是先出现汽车责任保险,后出现车辆损失保险。汽车责任保险是先实行自愿方式,后实行强制方式。车辆损失保险一般是先负责保障碰撞危险,后扩大到非碰撞危险,如盗窃、火灾等。

2004年5月1日施行的《道路交通安全法》明确了我国施行强制汽车责任保险,该法第17条规定,国家实行机动车辆第三者责任强制保险制度,设立道路交通事故社会救助基金。

2006年7月1日起施行的《机动车交通事故责任强制保险条例》标志着我国正式施行了机动车交通事故责任强制保险。

3. 汽车保险产品

当前我国汽车保险险种分为:机动车交通事故责任强制保险(简称交强险)和商业汽车保险两类。

交强险必须投保。《道路交通安全法》、《机动车交通事故责任强制保险条例》等法律规定机动车所有人、管理人必须投保机动车交通事故责任强制保险,否则公安机关交通管理部门将扣留在道路上行驶的机动车,并通知机动车所有人、管理人依照规定投保,同时处依照规定投保最低责任限额应缴纳保费的2倍罚款。因此交强险作为车辆在道路行驶的必备条件,是必须购买的险种,这也是客户遵守法律的良好表现。

商业汽车保险应量力而行。交强险只是对第三者损害的基本保障,对车辆损失、车上人员受伤等不予保障,即使对第三者的赔偿,许多情况下交强险也不能完全补偿。商业险种很多,不同的险种对应不同的保险范围,投保险种越多,保障越全面,但需交保费越多,所以客户为获得保险的充足保障,对商业险应根据自身风险状况和经济实力综合考虑后选择购买。

商业汽车保险险种分主险和附加险两部分。主险是对车辆使用过程中大多数车辆使用者经常面临的风险给予保障。附加险是对主险保险责任的补充,它承保的一般是主险不予承保的自然灾害或意外事故。附加险不能单独承保,必须投保相应主险后才能承保。随着汽车保险业的发展,主险险种、附加险险种都不断进行补充丰富或改革创新,使险种数量及其保障内容都大大增加。

当前我国汽车保险险种框架如表4-4所示。

当前我国汽车保险险种框架 表4-4

序号	险种名称	分类	险种名称列举	特点
1	交强险			强制购买,险种单一,无选择余地
2	商业险	主险	车辆损失险,第三者责任险,车上人员责任险,机动车盗抢险,摩托车、拖拉机保险,特种车保险,机动车提车保险	种类丰富,数量众多,根据需要,量力而行
		附加险	玻璃单独破碎险,车辆停驶损失险,自燃损失险,车上责任险,新增设备损失险,车载货物掉落责任险,不计免赔特约条款等	

交强险与商业险一般有两种实施方式:混合实施(图4-5)和分离实施(图4-6)。我国的交强险和商业汽车保险采用分离实施方式。

1) 交强险

在中华人民共和国境内(不含港、澳、台地区),被保险人在使用被保险机动车过程中发生交通事故,致使受害人遭受人身伤亡或者财产损失,依法应当由被保险人承担的损害赔偿责任,保险人按照交强险合同的约定对每次事故在相应赔偿限额内负责赔偿。

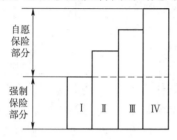

图4-5 强制汽车责任保险与一般汽车责任保险的混合实施

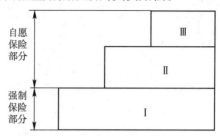

图4-6 强制汽车责任保险与一般汽车责任保险的分离实施

目前我国交强险赔偿限额总额为12.2万元,又分为若干分项限额,具体如表4-5所示。

死亡伤残赔偿限额和无责任死亡伤残赔偿限额项下负责赔偿:丧葬费、死亡补偿费、受害人亲属办理丧葬事宜支出的交通费用、残疾赔偿金、残疾辅助器具费、护理费、康复费、交通费、被扶养人生活费、住宿费、误工费,被保险人依照法院判决或者调解承担的精神损害抚慰金。

交强险赔偿限额 表4-5

	赔偿限额名称	额度(元)
	总赔偿限额	122000
	死亡伤残赔偿限额	110000
	医疗费用赔偿限额	10000
其中:	财产损失赔偿限额	2000
	无责任死亡伤残赔偿限额	11000
	无责任医疗费用赔偿限额	1000
	无责任财产损失赔偿限额	100

医疗费用赔偿限额和无责任医疗费用赔偿限额项下负责赔偿医药费、诊疗费、住院费、住院伙食补助费,必要的、合理的后续治疗费、整容费、营养费。

交强险基础费率表中将所有机动车共分为8大类42小类,每类费率各不相同,如家庭自用汽车6座以下保费950元等。

交强险费率浮动因素及比率如表4-6所示。

最终保险费计算办法

先根据基础费率方案计算出基础保险费,再根据费率浮动办法计算出与道路交通事故相联系的浮动比率,两者相乘即为最终保险费,即:

最终保险费 = 基础保险费 × (1 + 与道路交通事故相联系的浮动比率)

2) 商业险

(1) 机动车第三者责任保险:

表 4-6　交强险费率浮动暂行办法考虑因素及比率

	浮动因素		浮动比率
与道路交通事故相联系的浮动A	A1	上一个年度未发生有责任道路交通事故	-10%
	A2	上两个年度未发生有责任道路交通事故	-20%
	A3	上三个及以上年度未发生有责任道路交通事故	-30%
	A4	上一个年度发生一次有责任不涉及死亡的道路交通事故	0%
	A5	上一个年度发生两次及两次以上有责任道路交通事故	10%
	A6	上一个年度发生有责任道路交通死亡事故	30%

①保险责任。第三者责任险保险责任为:保险期间内,被保险人或其允许的合法驾驶人在使用被保险机动车过程中发生意外事故,致使第三者遭受人身伤亡或财产直接损毁,依法应当由被保险人承担的损害赔偿责任,保险人依照保险合同的约定,对于超过机动车交通事故责任强制保险各分项赔偿限额以上的部分负责赔偿。

②责任限额。

a. 每次事故的责任限额,由投保人和保险人在签订本保险合同时按保险监管部门批准的限额档次协商确定。常见的限额档次有:5 万元、10 万元、15 万元、20 万元、30 万元、50 万元、100 万元、100 万元以上(须是 50 万元的整数倍)。

b. 主车和挂车连接使用时视为一体,发生保险事故时,由主车保险人和挂车保险人按照保险单上载明的机动车第三者责任保险责任限额的比例,在各自的责任限额内承担赔偿责任,但赔偿金额总和以主车的责任限额为限。

③保险费率。按照被保险人类别、车辆用途、座位数/吨位数/排量/功率、责任限额直接从费率表 4-7 中查找保费。

表 4-7　第三者责任保险费率表

家庭自用汽车与非营业用车		责任限额						
		5 万	10 万	15 万	20 万	30 万	50 万	100 万
家庭自用汽车	6 座以下	710	1026	1169	1270	1434	1721	2242
	6～10 座	659	928	1048	1131	1266	1507	1963
	10 座以上	659	928	1048	1131	1266	1507	1963
企业非营业客车	6 座以下	758	1067	1206	1301	1456	1734	2258
	6～10 座	730	1039	1179	1275	1433	1711	2228
	10～20 座	846	1207	1370	1484	1669	1995	2599
	20 座以上	953	1404	1611	1762	2001	2415	3146
党政机关、事业团体非营业客车	6 座以下	639	900	1018	1097	1229	1463	1905
	6～10 座	612	862	975	1050	1177	1401	1825
	10～20 座	730	1027	1163	1253	1404	1671	2176
	20 座以上	1005	1415	1600	1725	1931	2299	2994
非营业货车	2 吨以下	800	1126	1274	1373	1538	1831	2385
	2～5 吨	1052	1521	1734	1885	2129	2554	3327
	5～10 吨	1250	1783	2023	2191	2462	2943	3832
	10 吨以上	1646	2319	2622	2827	3166	3770	4908
	低速载货汽车	679	957	1083	1167	1306	1557	2027

挂车根据实际的使用性质并按照对应吨位货车的30%计算。

联合收割机保险费按兼用型拖拉机14.7kW以上计收。

(2)车辆损失保险:

下面以家庭自用汽车损失保险条款为例介绍车辆损失保险。

①保险责任。

保险期间内,被保险人或其允许的合法驾驶人在使用被保险机动车过程中,因下列原因造成被保险机动车的损失,保险人依照保险合同的约定负责赔偿:

碰撞、倾覆、坠落;火灾、爆炸;外界物体坠落、倒塌;暴风、龙卷风;雷击、雹灾、暴雨、洪水、海啸;地陷、冰陷、崖崩、雪崩、泥石流、滑坡;载运被保险机动车的渡船遭受自然灾害(只限于驾驶人随船的情形)。

发生保险事故时,被保险人为防止或者减少被保险机动车的损失所支付的必要的、合理的施救费用,由保险人承担,最高不超过保险金额的数额。

②保险金额确定。

保险金额由投保人和保险人从下列三种方式中选择确定,保险人根据确定保险金额的不同方式承担相应的赔偿责任:

a.按投保时被保险机动车的新车购置价确定。新车购置价是指在保险合同签订地购置与被保险机动车同类型新车的价格(含车辆购置税)。无同类型新车市场销售价格的,由投保人与保险人协商确定。

b.按投保时被保险机动车的实际价值确定。投保时被保险机动车的实际价值根据投保时的新车购置价减去折旧金额后的价格确定。被保险机动车的折旧按月计算,不足一个月的部分,不计折旧。9座以下客车月折旧率为0.6%,10座以上客车月折旧率为0.9%,最高折旧金额不超过投保时被保险机动车新车购置价的80%。

折旧金额 = 投保时的新车购置价 × 被保险机动车已使用月数 × 月折旧率

c.在投保时被保险机动车的新车购置价内协商确定。

③机动车损失保险费率。按照被保险人类别、车辆用途、座位数/吨位数/排量/功率、车辆使用年限所属档次从费率表4-8中查找基础保费和费率。

保费 = 基础保费 + 保险金额 × 费率

机动车损失保险费率表 表4-8

家庭自用汽车与非营业用车		1年以下		1~2年		2~6年		6年以上	
		基础保费	费率	基础保费	费率	基础保费	费率	基础保费	费率
家庭自用汽车	6座以下	630	1.50%	600	1.43%	594	1.41%	612	1.46%
	6~10座	756	1.50%	720	1.43%	713	1.41%	735	1.46%
	10座以上	756	1.50%	720	1.43%	713	1.41%	735	1.46%
企业非营业客车	6座以下	385	1.28%	367	1.21%	363	1.20%	374	1.24%
	6~10座	462	1.21%	440	1.15%	436	1.14%	449	1.18%
	10~20座	462	1.30%	440	1.24%	436	1.23%	449	1.26%
	20座以上	481	1.30%	459	1.24%	454	1.23%	468	1.26%

续上表

家庭自用汽车与非营业用车		1年以下		1~2年		2~6年		6年以上	
		基础保费	费率	基础保费	费率	基础保费	费率	基础保费	费率
党政机关、事业团体非营业客车	6座以下	298	0.99%	284	0.94%	281	0.93%	290	0.96%
	6~10座	358	0.94%	341	0.90%	337	0.89%	348	0.91%
	10~20座	358	0.99%	341	0.94%	337	0.93%	348	0.96%
	20座以上	373	0.99%	355	0.94%	352	0.93%	362	0.96%
非营业货车	2吨以下	264	1.02%	252	0.97%	249	0.96%	257	0.99%
	2~5吨	341	1.31%	325	1.25%	321	1.24%	331	1.27%
	5~10吨	373	1.43%	355	1.36%	351	1.35%	362	1.39%
	10吨以上	246	1.74%	234	1.66%	232	1.64%	239	1.69%
	低速载货汽车	225	0.86%	214	0.82%	212	0.81%	218	0.84%

二、汽车保险购买

汽车保险投保的八个步骤为:选择保险公司;选择保障方案;选择购买渠道;填写投保单;交纳保险费;等待保险公司的审核;领取保险单证;退保、批改与续保。

1.保险公司的选择

为保障您的合法权益,应选择在具有合法经营资格的保险人或保险代理网点办理保险,应了解保险人的资信及偿付能力,要选择信誉度好,偿付能力充足的保险公司购买保险。同时,投保时请选择在您所在地保险公司机构投保,以免给您理赔及后续服务带来不便。

选择保险公司时主要是考虑其网点分布、售后服务、附加服务等。

保险公司的网点分布决定了投保、理赔的方便程度。

保险公司的售后服务包括:业务人员是否热情周到、是否及时送达保险单、是否及时通报新产品、是否及时赔付、是否耐心听取并真心解决顾客的投诉、是否注意与顾客的沟通等。

保险公司的附加服务是提高公司形象的重要手段,也是其提供的延伸产品,如持保险单在日常生活中享受消费优惠、经常召开联谊会、对故障车辆免费施救、给客户免费洗车等。

2.保障方案的选择

汽车保险包括多个险种,除交强险是强制性险种外,其他的险种都以自愿为原则。车主可以根据自己的经济实力与实际需求,进行投保。以下是5个汽车保险方案,可以供车主投保时参考。

1)最低保障方案

险种组合:交强险。

保障范围:只对第三者的损失负基本赔偿责任。

适用对象:只想完成法律规定的人,以及很少使用车辆、驾驶技术非常熟练的人。

特点:只有最低保障。

优点:只是完成了法律规定,费用低。

缺点:一旦撞车或撞人,对方的损失能得到保险公司的部分赔偿,如果对方伤害严重,自己负担的部分较多,而自己车的损失只有自己负担。

2）基本保障方案

险种组合：交强险+车辆损失险+第三者责任险。

保障范围：只投保了交强险和最主要的主险险种。

特点：费用适度，能够提供基本的保障。

适用对象：经济实力不强的车主。

优点：必要性最高。

缺点：不是最佳组合，车损险中有许多车辆的损失不予赔偿，车上人员得不到保障，且车辆损失保险和第三者责任保险都有免赔率。

3）经济保障方案

险种组合：交强险+车辆损失险+第三者责任险+全车盗抢险+车上人员责任险+不计免赔特约险。

特点：投保了交强险和4个最必要、最有价值的主险险种及一个不计免赔特约险。

适用对象：是个人精打细算的最佳选择。

优点：投保最有价值的险种，保险性价比最高，人们最关心的车辆丢失和100%赔付等大风险都有保障，保费不高但包含了比较实用的不计免赔特约险。当然，这仍不是最完善的保险方案。

缺点：车身划痕、新增设备等仍无法得到保障。

4）最佳保障方案

险种组合：交强险+车辆损失险+第三者责任险+全车盗抢险+车上人员责任险+玻璃单独破碎险+车身划痕险+不计免赔特约险。

特点：在经济投保方案的基础上，加入了车身划痕险和玻璃单独破碎险，使车辆的一些非碰撞损坏部分得到安全保障。

适用对象：一般公司或个人，及多数新手。新手不能图一时省钱，投保险种较少。

优点：投保价值大的险种，不花冤枉钱，物有所值。

缺点：对新增设备、自燃危险等无法没有保障。

5）完全保障方案

险种组合：交强险+车辆损失险+第三者责任险+全车盗抢险+车上人员责任险+玻璃单独破碎险+车身划痕险+新增加设备损失险+自燃损失险+不免赔特约险。

特点：保障全面，居安思危才能有备无患。常见风险的对应险种全部投保，从容上路，不必担心交通所带来的种种风险。

适用对象：经济充裕的车主。

优点：几乎与汽车有关的全部事故损失都能得到赔偿。投保人不必为少保某一个险种而担心。

缺点：险种数量多，保费高，某些险种出险的概率可能比较小。

3. 购买渠道的选择

1）常见投保方式

（1）上门投保，是指投保人与所选择的保险公司联系，保险公司派业务员前往投保人处，提供风险分析、解释条款、设计投保方案、指导投保人填写投保单等服务。

(2)到保险公司营业部门投保,即投保人亲自到保险公司的办公地点办理投保手续。

(3)电话投保,是指通过保险公司开通的服务电话办理投保业务。

(4)网上投保,是指利用网络完成投保业务。

(5)通过保险代理人投保,即保险代理人根据保险人的委托,在保险人授权的范围内代为办理保险业务。

(6)通过保险经纪人投保,即保险经纪人基于投保人利益,为投保人与保险人订立保险合同提供中介服务。

多种投保方式各有利弊,并且费率优惠程度不同。一般,通过保险代理人、保险经纪人投保的,保费较贵,电话投保与网上投保费率优惠较大。

2)电话车险

电话营销作为一种车险直销方式,1985年开始在英国出现,目前在美国、英国、韩国等发达国家已成主流。但在我国,电话营销车险出现较晚。

2007年7月31日,中国平安宣布其报批的电话车险专属产品首家获得中国保监会的批准,国内首个专用于电话销售的车险产品由此诞生。该公司已正式启用电话车险专属产品投保电话4008000000,车主可直接拨打此电话购买车险。

由于电话车险专属产品省去了中间环节,把保险公司支付给中间人或中间机构的佣金直接让利给车主,使车主在体验便捷投保的同时更享受到比其他渠道更低的价格,因此电话车险在我国将前途光明。

4. 填写投保单

投保单(表4-9)是合同的组成部分之一。要求投保人必须如实填写。

××财产保险股份有限公司机动车保险/机动车交通事故责任强制保险投保单　　表4-9

					No:
欢迎您到××财产保险股份有限公司投保!在您填写本投保单前请先详细阅读《机动车交通事故责任强制保险条款》及我公司的机动车辆保险条款,阅读条款时请您特别注意各个条款中的保险责任、责任免除、投保人义务、被保险人义务等内容并听取保险人就条款(包括责任免除条款)所作的说明。您在充分理解条款后,再填写本投保单各项内容(请在需要选择的项目前的"□"内划"√"表示)。为了合理确定投保机动车的保险费,并保证您获得充足的保障,请您认真填写每个项目,确保内容的真实可靠。您所填写的内容我公司将为您保密。本投保单所填写内容如有变动,请及时到我公司办理变更手续。					
投保人	投保人名称/姓名		投保机动车数		辆
	联系人姓名	固定电话	移动电话		
	投保人住所		邮政编码	□□□□□□	
被保险人	□自然人姓名:	身份证号码	□□□□□□□□□□□□□□□□□□		
	□法人或其他组织名称:	组织机构代码	□□□□□□□□□		
	被保险人单位性质	□党政机关、团体　□事业单位　□军队(武警)　□使(领)馆 □个体、私营企业　□其他企业　□其他			
	联系人姓名	固定电话	移动电话		
	被保险人住所		邮政编码	□□□□□□	

续上表

投保车辆情况	被保险人与车辆的关系		□所有 □使用 □管理		车主		
	号牌号码			号牌底色	□蓝 □黑 □黄 □白 □白蓝 □其他颜色		
	厂牌型号			发动机号			
	VIN码	□□□□□□□□□□□□□□□□□			车架号		
	核定载客	人	核定载质量		千克	排量/功率	/kW
	初次登记日期		年 月	已使用年限	年	年平均行驶里程	公里
	车身颜色	□黑色 □白色 □红色 □灰色 □蓝色 □黄色 □绿色 □紫色 □粉色 □棕色 □其他颜色					
	机动车种类	□客车 □货车 □客货两用车 □挂车 □摩托车(不含侧三轮) □侧三轮 □农用拖拉机 □运输拖拉机 □低速载货汽车 □特种车:请填写用途_____					
	机动车使用性质	□家庭自用 □非营业用(不含家庭自用) □出租/租赁 □城市公交 □公路客运 □旅游客运 □营业性货运					
	上年是否在本公司投保商业机动车保险		□是 □否				
	行驶区域	□省内行驶 □固定行驶路线 具体路线:_____					
	是否为未还清贷款的车辆	□是 □否		车损险与车身划痕险选择汽车专修厂		□是 □否	
	上年赔款次数	□交强险赔款次数_____次		□商业机动车保险赔款次数_____次			
	上一年度交通违法行为		□有 □无				

投保主险条款名称				
指定驾驶人	姓名	驾驶证号码		初次领证日期
驾驶人1		□□□□□□□□□□□□□□□□□□		____年___月___日
驾驶人2		□□□□□□□□□□□□□□□□□□		____年___月___日
保险期间	_____年___月___日零时起至_____年___月___日二十四时止			

投 保 险 种		保险金额/责任限额(元)	保险费(元)	备注
□机动车交通事故责任强制保险				
□机动车损失险:新车购置价_____元				
□商业第三者责任险				
□车上人员责任险	投保人数_____人	/人		
	投保人数_____人	/人		
□盗抢险				
□附加玻璃单独破碎险	□国产玻璃			
	□进口玻璃			
□附加停驶损失险:日赔偿金额_____元×_____天				
□附加自燃损失险				
□附加火灾、爆炸、自燃损失险				
□附加车身划痕损失险		元		
□附加新增加设备损失险				

续上表

投保险种		保险金额/责任限额(元)	保险费(元)	备注
□附加车上货物责任险				
□附加不计免赔率特约条款	□机动车损失险			
	□第三者责任险			
□附加可选免赔额特约条款		免赔金额：		
保险费合计(人民币大写)：			(￥：	元)
特别约定				
保险合同争议解决方式选择	□诉讼 □提交_____仲裁委员会仲裁			

本保险合同由保险条款、投保单、保险单、批单和特别约定组成。

投保人声明：保险人已将投保险种对应的保险条款(包括责任免除部分)向本人作了明确说明，本人已充分理解；上述所填写的内容均属实，同意以此投保单作为订立保险合同的依据。

投保人签名/签章：

_____年____月____日

验车验证情况	□已验车 □已验证	查验人员签名：____年___月___日___时___分	
初审情况	业务来源：□直接业务 □个人代理	复核意见	
	□专业代理 □兼业代理		
	□经纪人 □网上/电话业务		
	代理(经纪)人名称：		
			复核人签字：
	上年度是否在本公司承保：□是 □否		____年___月___日
	业务员签字：____年___月___日		

注：阴影部分内容由保险公司人员填写

5. 交纳保险费

投保人必须按约定的交费期限、保险费数额、交纳方式履行自己的交费义务。及时交费是保险合同生效的必要条件。

保险费的交纳数额应根据保险公司按照标准保费并进行风险修正和无赔款折扣后计算得出的数额确定。

保险费的交纳方式可以是现金，也可以刷卡交纳，十分方便。

6. 等待保险公司的审核

保险公司除了要大量承揽业务以外，还要保证每笔业务的质量，否则，大量不符合要求的风险出现，将使公司赔付率上升，影响正常经营。保险核保是保险人对每笔业务的风险进行辨认、评估、定价，并确认保单条件，以选择优质业务进行承保的一种行为。所以，客户提交了投保单和核算出应交保险费后，还必须通过核保人员的审核。

7. 领取保险单证

车辆投保后可领取9项保险单证，分别是：

交强险:保险单正本、保险单公安交管留存联、条款、发票、保险标志;
商业险:保险单正本、条款、发票、保险证;

1)交强险保险单

交强险单证分为交强险保险单(表4-10)、定额保险单和批单三个类别。除摩托车和农用拖拉机可使用定额保险单外,其他投保车辆必须使用交强险保险单。交强险保险单、定额保险单均由正本和副本组成。正本由投保人或被保险人留存,副本包括业务留存联、财务留存联和公安交管部门留存联。

机动车交通事故责任强制保险单　　　　　　　　　　表4-10

保险单号:

被保险人					
被保险人身份证号码(组织机构代码)					
地址				联系电话	
被保险机动车	号牌号码		机动车种类	使用性质	
	发动机号码		识别代码(车架号)		
	厂牌型号		核定载客　　　　人	核定载质量	千克
	排量		功率	登记日期	
责任限额	死亡伤残赔偿限额	110000元		无责任死亡伤残赔偿限额	11000元
	医疗费用赔偿限额	10000元		无责任医疗费用赔偿限额	1000元
	财产损失赔偿限额	2000元		无责任财产损失赔偿限额	100元
与道路交通安全违法行为和道路交通事故相联系的浮动比率　　　　%					
保险费合计(人民币大写): 　　　　　　　　　　(¥: 　　元) 其中救助基金(%)¥: 　　元					
保险期间自　　年　月　日零时起至　　年　月　日二十四时止					
保险合同争议解决方式					
代收车船税	整备质量			纳税人识别号	
	当年应缴	¥:　　元	往年补缴　¥:　　元	滞纳金	¥:　　元
	合计(人民币大写): 　　　　　　　　　　　　　　　　(¥:　　元)				
	完税凭证号(减免税证明号)			开具税务机关	
特别约定					
重要提示	1.请详细阅读保险条款,特别是责任免除和投保人、被保险人义务。 2.收到本保险单后,请立即核对,如有不符合或疏漏,请及时通知保险人并办理变更或补充手续。 3.保险费应一次性交清,请您及时核对保险单和发票(收据),如有不符,请及时与保险人联系。 4.投保人应如实告知对保险费计算有影响的或被保险机动车因改装、加装、改变使用性质等导致危险程度增加的重要事项,并及时通知保险人办理批改手续。 5.被保险人应当在交通事故发生后及时通知保险人。				
保险人	公司名称:				
	公司地址:				
	邮政编码:　　　　服务电话:　　　　签单日期: 　　　　(保险人签章)				
核保:　　　　　　　　制单:　　　　　　　　经办:					

2)交强险保险标志

交强险标志分内置型(图4-7)和便携型(图4-8)两种。具有前风窗玻璃的投保车辆应使用内置型；不具有前风窗玻璃的投保车辆应使用便携型。

a) b)

图 4-7 内置型交强险标志
a)正面；b)背面

a) b)

图 4-8 便携型交强险标志
a)正面；b)背面

3)商业险保险单

用现行印制的商业险单证打印保单。盖章后清分,保单业务联归档,保单财务联交财务留存,保单正本(表4-11)交投保人。

4)机动车辆保险证

保险单是被保险人向保险人索赔保险事故损失的法律凭证,被保险人应妥善保存。保险证是投保人购买汽车保险的凭证,内容简单,应随车携带,便于车辆出险后被保险人能及时向保险公司报案。图4-9所示为中国人民财产保险股份有限公司机动车保险证。

8. 退保、批改与续保

1)客户的退保

对交强险来说,客户一般不可以退保,但遇特殊情况可以退保；对商业保险来说,客户购买保险后,完全有权利要求退保。

××财产保险股份有限公司机动车保险单

表 4-11

保险单号：							

鉴于投保人已向保险人提出投保申请,并同意按约定交付保险费,保险人依照承保险种及其对应条款和特别约定承担赔偿责任。

保险车辆情况	被保险人						
	号牌号码		厂牌型号				
	VIN码		车架号		机动车种类		
	发动机号码		核定载客	人	核定载质量	千克	已使用年限 年
	初次登记日期		年平均行驶里程	公里	使用性质		
	行驶区域				新车购置价		元

承保险种	费率浮动(±)	保险金额/责任限额(元)	保险费(元)

保险费合计(人民币大写)：　　　　　　　　　　　　　　　　　　(¥：　　　　元)

保险期间自　　年　　月　　日零时起至　　　年　　月　　日二十四时止

特别约定	

保险合同争议解决方式

重要提示	1.本保险合同由保险条款、保险单、投保单、批单和特别约定组成。 2.收到本保险单、承保险种对应的保险条款后,请立即核对,如有不符或疏漏,请在48小时内通知保险人并办理变更或补办手续；超过48小时未通知的,视为投保人无异议。 3.请详细阅读承保险种对应的保险条款,特别是责任免除和投保人、被保险人义务。 4.被保险机动车因改装、加装、改变使用性质等导致危险程度增加以及转卖、转让、赠送他人的,应书面通知保险人并办理变更手续。 5.被保险人应当在交通事故发生后及时通知保险人。
保险人	公司名称：　　　　　　公司地址： 　　　　　　　　　　　联系电话：　　　　　网址： 邮政编码：　　　　　　签单日期：　　　　　　(保险人签章)

核保：　　　　　　　　制单：　　　　　　　　经办：

　　交强险条款第23条规定,在下列三种情况下,投保人可以要求解除交强险合同：①被保险机动车被依法注销登记的；②被保险机动车办理停驶的；③被保险机动车经公安机关证实丢失的。交强险合同解除后,投保人应当及时将保险单、保险标志交还保险人；无法交回保险标志的,应当向保险人说明情况,征得保险人同意。

　　商业汽车保险条款一般规定：保险责任开始前,投保人要求解除本保险合同的,应当向保险人支付应交保险费5%的退保手续费,保险人应当退还保险费。保险责任开始后,投保人要求解除本保险合同的,自通知保险人之日起,本保险合同解除。保险人按短期月费率

(表4-12)收取自保险责任开始之日起至合同解除之日止期间的保险费,并退还剩余部分保险费。

a)

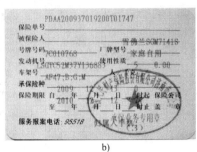
b)

图4-9 人保公司机动车保险证
a)正面;b)背面

短期月费率表   表4-12

保险期间(月)	1	2	3	4	5	6	7	8	9	10	11	12
短期月费率(%)	10	20	30	40	50	60	70	80	85	90	95	100

注:保险期间不足一个月的部分,按一个月计算。

2)合同的批改

车辆过户后,保险应当办理过户。如果没有办理,保险合同也继续有效。此时,若发生事故,新车主能获得保险赔偿。但新车主如果使车辆危险程度明显增加,且因此导致事故,则保险公司拒赔赔偿事故损失。

3)续保的好处

续保是指投保人在原有的保险合同即将期满时,向保险人提出继续投保的申请,保险人根据投保人的实际情况,对原有合同条件稍加修改而继续签约承保的行为。

续保业务一般在原保险期到期前一个月开始办理。

对投保人来说,通过及时续保,一方面可以从保险人那里得到连续不断的、可靠的保险保障与服务,另一方面,作为公司的老客户,可以在保险费率方面享受续保优惠。

三、汽车保险理赔

1.汽车保险理赔含义

汽车保险理赔,是指保险汽车在发生事故后,保险人依据保险合同约定,对被保险人提出的索赔请求进行合理处理的行为。

保险汽车发生事故后,被保险人发生的经济损失有的属于保险风险引起的,而有的则属于非保险风险引起的。即使被保险人的损失是由保险风险引起的,因多种因素和条件的制约,被保险人的实际损失金额也不一定等于保险人的赔偿金额。所以,汽车保险理赔涉及保险合同双方权利与义务的实现,是保险经营中的一项重要内容。

2.汽车保险理赔流程

根据车险理赔的操作流程,可将理赔工作分为六个步骤,即:受理案件——现场查勘——损失确定——赔款理算——核赔——赔付结案。

1）受理案件

是指保险人接受被保险人的报案,并对相关事项做出安排。受理案件是汽车保险理赔工作的第一步,各保险公司均非常重视,为此,各保险公司均公布了报案受理部门、开通了多种报案方式,并对报案的内容进行详细记录等。

2）现场查勘

是指运用科学的方法和现代技术手段,对保险事故现场进行实地勘察和查询,将事故现场、事故原因等内容完整而准确地记录下来的工作过程。现场查勘是查明保险事故真相的重要手段,是分析事故原因和认定事故责任的基本依据,也为事故损害赔偿提供了证据。所以,各保险公司均建立了合理的服务网络,配备了完善的查勘工具,有一定数量且经验丰富的查勘人员,予以保证现场查勘工作的快速、有效。

3）损失确定

是根据保险合同的规定和现场查勘的实际损失记录,在尊重客观事实的基础上,确定保险责任,然后开展事故定损和赔款计算工作。损失确定包括车辆损失、人身伤亡费用、其他财产损失等。车辆损失主要是确定维修项目的工时费和换件项目的价格;人身伤亡费用按道路交通事故的相关规定进行计算即可;其他财产损失一般按实际损失通过与被害人协商确定。

4）赔款理算

是保险公司按照法律和保险合同的有关规定,根据保险事故的实际情况,核定和计算应向被保险人赔付金额的过程。理算工作决定保险人向被保险人赔偿数额的多少与准确性,因此,保险公司理赔人员应本着认真、负责的态度做好理算工作,确保既维护被保险人的利益,又维护保险公司的利益。业务负责人审核无误后,在赔款计算书上签署意见和日期,然后送交核赔人员。在完成各种核赔和审批手续后,转入赔付结案程序。

5）核赔

是在保险公司授权范围内独立负责理赔质量的人员,按照保险条款及公司内部有关规章制度对赔案进行审核的工作。核赔工作的主要内容包括:核定保险标的出险原因、损失情况;核定保险责任的确定;核定损失;核定赔款计算。

6）赔付结案

是指业务人员根据核赔的审批金额,向被保险人支付赔款、对理赔的单据进行清分并对理赔案卷进行整理的工作,是理赔案件处理的最后一个环节。

四、汽车使用风险

"天有不测风云,人有旦夕祸福",现实生活中存在许多风险,时刻危害着人们的生命和财产安全。为规避风险,保护自我,人们已经想出了多种举措,比如对风险事故采取预防措施、发生事故后采取减损措施、购买人身和财产保险等。其中,购买保险是一种比较简单、便于计算成本的风险管理方法,保险在现实生活中充分发挥了稳定社会生产、生活的作用。

无风险则无保险,风险的客观存在是保险产生与发展的自然基础。

车辆在使用过程中,使用风险种类繁多,可分三类:车辆自身风险、车辆使用责任风险、其他使用风险。

1. 车辆自身风险

常见的导致车辆自身损失的风险为：碰撞、火灾、水灾、被盗抢等。除此之外，还有汽车倾覆、被外界坠落或倒塌物体砸毁、车身被划痕以及雹灾、暴风、雷击、海啸、地陷、冰陷、崖崩、雪崩、泥石流、滑坡、地震等自然灾害风险。常见车辆损失类保险及保障风险见表4-13。

常见车辆损失类保险及保障风险　　　　　　　　　　　　　　　　　表4-13

常见车辆损失类险种	保障风险
车辆损失保险	碰撞、倾覆、坠落、火灾、外界坠落、倒塌、暴风、龙卷风、雷击、雹灾、暴雨、洪水、海啸、地陷、冰陷、崖崩、雪崩、泥石流、滑坡等地震不保
全车盗抢保险	车辆被盗窃、抢劫、抢夺等导致的车辆损失，但零部件被盗窃，保险不赔偿
自燃险	车辆自身原因起火
玻璃单独破碎	风窗玻璃或车窗玻璃单独破碎
车身划痕	车身无明显碰撞痕迹的划痕
新增设备损失险	车辆标准配置外的新增装置损坏
发动机特别损失险	车辆在积水路面涉水行驶或被水淹后使发动机损坏等

2. 车辆使用责任风险

车辆在使用过程中发生意外事故，容易造成第三者人员人身伤害、财产损失，车上人员的人身伤害、车上货物的损失，以及因车载货物掉落、泄露、污染等造成第三方人员或财产的损失等，此时作为车辆的使用者或所有者必须对受害人员的人身伤害或财产损失履行赔偿责任。常见责任类保险及保障风险见表4-14。

常见责任类保险及保障风险　　　　　　　　　　　　　　　　　表4-14

常见责任类险种	保障风险
交强险	因意外事故造成第三者人身伤残、医疗费用、财产损毁所负经济赔偿责任
第三者责任险	因意外事故造成第三者人身伤残、医疗费用、财产损毁所负经济赔偿责任
车上人员责任险	因意外事故造成车上驾驶员或乘员的人身伤残、医疗费用所负经济赔偿责任
车上货物责任险	因意外事故造成车上货物损毁所负经济赔偿责任
车载货物掉落责任险	因所载货物掉落致使第三者人身伤亡或财产损毁所负的经济赔偿责任
油污污染责任险	因意外事故造成车辆上油液泄漏污染路面所负经济赔偿责任

3. 其他使用风险

车辆除了因意外事故导致车辆自身损失和相关赔偿责任外，还容易导致一些其他损失，常见的有：

1）车辆的施救费用

如翻入沟中的车辆需要吊车吊装、不能行驶的车辆需要拖车、着火的车辆需要灭火车辆、在行驶途中因多个轮胎损坏或油量、电量不足需要救援等。

2）车辆营业收入的减少

如出租车因事故而不能运行，导致收入减少；运输车辆因事故而不能顺利到达目的地，导致挣不到运费等。

3）车辆因事故需要支出相关费用

（1）车辆因在外地发生事故而必须额外支出住宿费、交通费等。

（2）因车辆事故与第三方之间产生法律纠纷而支出的相关费用，如诉讼费、仲裁费等。

（3）为准确确定车辆损失数额、第三方财产损失数额、人员伤残等级等而支出的相关费用，如评估费、鉴定费等。

常见其他类保险及保障风险见表4-15。

常见其他类保险及保障风险 表4-15

常见其他类险种	保 障 风 险
车辆损失保险等	赔偿车辆因事故而产生的保护费用、施救费用等
机动车停驶损失险	赔偿因发生机动车损失保险的保险事故,致使机动车停驶引起的损失
异地出险住宿费特约条款	赔偿因在事故发生地修理汽车或处理事故,而发生的必要的、合理的住宿费
法律费用特约条款	赔偿因发生事故而被提起仲裁或诉讼的仲裁或者诉讼费用以及其他费用

五、汽车保险与理赔发展形势

1986年以前，我国保险市场仅有一家保险公司——中国人民保险公司，市场处于垄断状态；1988年平安保险公司成立，1991年中国太平洋保险公司成立，出现了三足鼎立的局面；截至2012年年底，全国共有保险集团公司10家，保险公司138家，保险资产管理公司15家，其他公司1家。从保险公司资本结构属性看，中资保险公司共有86家，外资保险公司共有52家。其中，中资产险公司41家，中资寿险公司42家，中资再保险公司3家，外资产险公司21家，外资寿险公司26家，外资再保险公司5家。

1. 保险市场规模不断扩大

根据我国《保险法》第95条规定，保险业实行分业经营的原则，即同一保险人不得同时兼营财产保险和人身保险两项业务。汽车保险隶属财产保险范畴。图4-10所示为我国近几年财产保险业的保费收入趋势图。

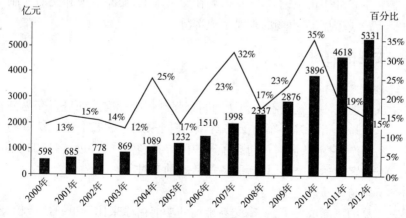

图4-10 我国2000—2012年财产保险业保费收入变化趋势

2. 汽车事故频发

随着汽车数量的增多和汽车进入家庭，社会各界越来越关心汽车事故的发生。表4-16

为我国近几年道路交通事故数量及其导致的经济损失。除道路交通事故外,汽车还经常面临火灾、水灾、盗抢、雹灾等事故的侵害。

2001—2010年我国道路交通事故数据统计　　　　　　　　　表4-16

年份	2001	2002	2003	2004	2005	2006	2007	2008	2009	2010
事故次数(次)	760327	773137	667507	567753	450254	378781	327209	265204	238351	219521
直接经济损失(亿元)	30.88	33.24	33.70	27.7	18.8	14.9	11.99	10.10	9.14	9.3

3. 社会需要汽车保险人才

在整个保险行业快速发展的大背景下,随着汽车工业的迅猛发展与汽车事故的频繁发生,促进了"汽车配套产品"——汽车保险的快速发展。汽车保险为各财产保险公司的"支柱险种",其保费收入占财产保险总保费的60%以上,所以,汽车保险经营的好坏,直接关系到整个财产保险业的经济效益。

随着汽车保险业的发展、保险公司及保险中介机构的增多、保险服务内容和质量的提高、汽车保险产业链的形成等,汽车保险业大量需求既懂汽车又懂保险的复合型人才,尤其是车险理赔工作,它对复合型人才的需求更是迫切。所以,全国多所高校,尤其是设有交通运输、汽车运用技术、汽车服务工程、汽车检测与维修等专业的院校,都纷纷开设了汽车保险与理赔课程,培养汽车保险业需求的专业人才,为从事汽车保险的查勘、定损、核赔、理算等工作打下扎实基础。同时,这对缓解学生就业的压力也是一条有效途径。

第三节　二手车鉴定与评估服务

随着我国国民经济的发展和市场经济的不断完善,全国汽车保有量迅速增加,汽车流通渠道和方式由过去的单一分配转向多元化。同时个体和私营经济的发展推动了价格相对便宜并保持一定生产能力的二手车的需求,一部分车辆在其使用寿命内有机会进入二次流通市场,我国的二手车交易市场逐步形成、发展并壮大起来。二手车贸易是汽车流通链中的一个必不可少的重要环节,我国的二手车交易市场在交易车型、交易规模和交易体制上已经获得了巨大的发展,已经成为汽车市场的重要组成部分。

一、二手车交易的内涵

1. 二手车交易的内涵

二手车是指从办理完注册登记手续到达到国家强制报废标准之前进行交易并转移所有权的汽车。二手车交易是指以二手车为交易对象,在国家规定的二手车交易市场中进行的二手车的商品交易和产权变更,同时还包含了客户的寻找、客户的接近、客户的了解、二手车的展示、异议处理、与客户达成交易、售后服务等活动的全过程。

2. 二手车交易市场的功能

随着二手车交易的不断成熟,二手车交易市场的功能由原来比较单一的产权交易、变更形式,过渡到相当完备的状态,具备的功能有:

(1)二手车的营销功能。包括二手车的收购、销售、鉴定估价、寄售、代购代销、租赁、拍卖、检测维修、配件供应等。

(2)二手车办理相关手续功能。如车辆过户、转籍、上牌、车辆保险等。

(3)政府审查执法功能。审查二手车的合法性,杜绝报废车、盗窃车、走私车、非法拼装车和证照不全的车辆上市交易,监督交易合法进行。

二、二手车交易的现状

1. 我国二手车交易市场的发展

改革开放初期,公有制为主的运输车辆、社会零散车辆向私有运输业流动,但二手车交易有市无场。随着经济体制改革的不断深化,国民经济持续稳定发展,全国汽车保有量、私车保有量迅猛增加,为了正确引导和满足社会对二手汽车交易的客观要求,国家把二手车的交易纳入了汽车流通市场进行管理。

1)起步发展阶段

1985年国家经济体制改革由计划经济向社会主义市场经济过渡,汽车资源不足,汽车市场是卖方市场,价格高,私人购买能力很弱,二手车交易观念淡薄,二手车交易市场少,大部分建立在经济发达的省会城市。

2)快速发展阶段

1993年以后,国家加大了改革开放的力度,国民经济持续稳定健康发展,汽车产量逐年上升,汽车市场呈买方市场,价格逐年下降,私人汽车保有量每年以27%以上的速度迅速增长,二手汽车的交易量大幅度增加,形成了一个庞大的二手车交易市场。

3)稳步发展阶段

2002年,汽车整车企业开始进入二手车交易市场,为二手车交易市场进一步发展注入活力,奠定了坚实的基础。2005年8月,国家商务部16号令发布了《汽车贸易政策》,为二手车交易市场的进一步发展提供了国家支持和宽松的经济环境,我国的二手车交易市场进入了稳步发展阶段并逐步与国际接轨。

2. 我国二手车交易的现状

虽然我国二手车交易市场日趋成熟,但对二手车的鉴定估价尚缺乏科学、统一、严谨的评估理论和方法。在实际工作中,还存在着从业人员混杂、知识技能偏低、人为因素多、随意成分大的现象。很多单位没有评估定价能力和设施,个别地方对市场疏于管理,在交易过程中出现"私卖公高估价"和"公卖私低估价"现象,不仅扰乱了市场秩序,造成国有资产和税收的大量流失,而且也使广大消费者合法权益得不到保障,有效需求受到抑制,同时也使走私车、拼装车、报废车重新流入社会成为可能,为暗箱操作、滋生腐败创造了条件。

二手车鉴定估价环节存在的问题引起国家有关部门的高度重视。国家国内贸易局、劳动和社会保障部已经做出对二手车鉴定估价从业人员先培训、后上岗,实行职业资格证书制度的决定,并从2005年起开始实施。先后颁布了《旧机动车鉴定估价师国家职业标准》、《招用技术工种从业人员规定》以及即将开始执行的《二手车鉴定评估技术规范》等,为二手车鉴定估价行为走向规范化、科学化、法制化奠定了坚实的基础。

3. 我国二手车交易市场的发展趋势

(1)随着我国经济的发展和人民生活水平的提高,汽车保有量的迅猛增加,为二手车交易提供了发展的空间。

（2）近年来汽车消费的结构发生了很大的变化，私人购车量剧增，购车需求出现多品种、多档次、多价位的趋势，为二手车交易注入了活力。

（3）随着二手车交易市场的成熟，各种制约市场发展的矛盾陆续解决，二手车交易的消费者的合法权益将得到有效的保障，能进一步促进二手车交易规模的不断扩大。

虽然我国的二手车交易与国外发达国家相比还有很大的差距，但这也正是市场的潜力所在，我国二手车交易的大环境已经逐步形成，二手车交易的发展前景广阔。

三、二手车交易的行业管理要求

二手车交易中，每辆车在技术状况、使用情况和交易条件上千差万别，交易过程复杂，交易风险大。为了保护交易双方的合法权益，防止欺诈行为的发生，国家相关部门制定了一系列的法律法规，规范二手车交易市场及交易双方的行为。

1. 二手车交易市场的管理规定

（1）为加强二手车流通管理，规范经营行为，保障交易双方的合法权益，促进二手车流通健康发展，依据国家有关法律、行政法规，1998年，国内贸易部发布了《旧机动车交易管理办法》，规定所有旧机动车的交易必须在旧机动车交易市场进行。同时商务部、公安部、工商总局、税务总局在2005年颁布了《二手车流通管理办法》，规定二手车经营主体是指经工商行政管理部门依法登记从事二手车经销、拍卖、经纪、鉴定评估的企业；国务院商务主管部门、工商行政管理部门、税务部门在各自的职责范围内负责二手车流通有关监督管理工作；省、自治区、直辖市商务主管部门、工商行政管理部门、税务部门在各自的职责范围内负责辖区内二手车流通有关监督管理工作；二手车交易市场经营者、经销企业和经纪机构应当具备企业法人条件，并依法到工商行政管理部门办理登记。

（2）二手车鉴定评估机构应当具备下列条件：是独立的中介机构；有固定的经营场所和从事经营活动的必要设施；有3名以上从事二手车鉴定评估业务的专业人员（包括管理办法实施之前取得国家职业资格证书的旧机动车鉴定估价师）；有规范的规章制度等。

2. 二手车交易行为的管理规定

（1）二手车交易市场经营者和经营主体应当依法经营和纳税，遵守商业道德，接受依法实施的监督检查。

（2）卖方应当拥有车辆的所有权或者处置权。二手车交易市场经营者和经营主体应当确认卖方的身份证明、车辆的号牌、《机动车登记证书》、《机动车行驶证》、有效的机动车安全技术检验合格标志、车辆保险单、缴纳税费凭证等。

国家机关、国有企事业单位在出售、委托拍卖车辆时，应持有本单位或者上级单位出具的资产处理证明。出售、拍卖无所有权或者处置权车辆的，应承担相应的法律责任。

（3）卖方应当向买方提供车辆的使用、修理、事故、检验以及是否办理抵押登记、交纳税费、报废期等真实情况和信息。买方购买的车辆如因卖方隐瞒和欺诈不能办理转移登记的，卖方应当无条件接受退车，并退还购车款等费用。

（4）二手车经销企业销售二手车时应当向买方提供质量保证及售后服务承诺，并在经营场所予以明示。

（5）进行二手车交易应当签订合同。合同示范文本由国务院工商行政管理部门制订。

(6)二手车所有人委托他人办理车辆出售的,应当与受托人签订委托书。

(7)二手车交易完成后,卖方应当及时向买方交付车辆、号牌及车辆法定证明、凭证。如:《机动车登记证书》、《机动车行驶证》、机动车安全技术检验合格标志、车辆购置税完税证明、养路费缴付凭证、车船使用税缴付凭证、车辆保险单等。

(8)对交易违法车辆的,二手车交易市场经营者和二手车经营主体应当承担连带赔偿责任和其他相应的法律责任。

(9)二手车鉴定评估机构应当遵循客观、真实、公正和公开原则,依据国家法律法规开展二手车鉴定评估业务,出具车辆鉴定评估报告,并对鉴定评估报告中车辆技术状况,包括是否属事故车辆等评估内容负法律责任。

(10)建立二手车交易市场经营者和经营主体备案制度。凡经工商行政管理部门依法登记,取得营业执照的二手车交易市场经营者和经营主体,应当自取得营业执照之日起2个月内向省级商务主管部门备案。省级商务主管部门应当将二手车交易市场经营者和经营主体有关备案情况定期报送国务院商务主管部门。

(11)建立和完善二手车流通信息报送、公布制度。二手车交易市场经营者和经营主体应当定期将交易量、交易额等信息通过所在地商务主管部门报送省级商务主管部门;省级商务主管部门将上述信息汇总后报送国务院商务主管部门;国务院商务主管部门定期向社会公布全国二手车流通信息。

(12)商务主管部门、工商行政管理部门应当在各部门的职责范围内采取有效措施,加强对二手车交易市场经营者和经营主体的监督管理,依法查处违法违规行为,维护市场秩序,保护消费者的合法权益。

四、二手车交易的类型

(1)二手车的收购、销售:指二手车交易市场为方便客户进场直接销售或购买的前提下,根据客户的要求,代为销售或购置二手车的一种经营活动。

(2)二手车的鉴定估价:是指由专门的鉴定估价人员,按照特定的目的,遵循法定或公允的标准和程序,运用科学的方法,对二手车进行价格估算。

(3)二手车的寄售:指卖车方与二手车交易市场签订协议,将所售车辆委托市场保管及寻找买方,收取一定保管费、服务费等的一种交易行为。

(4)二手车的代购代销:指在无须客户进场的前提下,二手车交易市场为客户代为销售或购置的一种经营活动。

(5)二手车的租赁:指将二手车向客户提供使用租赁的一种经营活动。

(6)二手车的拍卖:指以公开竞价的方式销售二手车的一种经营活动。

(7)二手车的检测维修:指从事为二手车进行检测维修的一种经营活动。

(8)二手车的置换:指车与车之间产权交易的一种经营活动,可以是二手车与新车之间的产权交易,也可以是二手车之间的产权交易。

五、二手车技术状况的鉴定

汽车在使用过程中,随着行驶里程的增加会对车辆的性能和使用寿命带来影响,因此,公正客观地对准备交易的二手车的技术状况进行鉴定是二手车交易的基础,二手车经营者必须按照"先鉴定后评估"的原则经营。

二手车技术状况的鉴定方法有静态检查、动态检查和利用辅助仪器进行检查三种。

1. 二手车技术状况的静态检查

静态检查是指在车辆静止(发动机根据需要可以怠速运转)的状态下,鉴定评估人员运用掌握的知识和经验,通过对车辆外观、部件、总成等进行观察,进而对车辆技术状况做出初步判断的鉴定方法。一般包括识伪检查、事故判断和技术状况判断三方面的内容。

1)二手车的识伪检查

通过对交易车辆的有关手续文件和实际车况进行检查,来判断其是否具有合法的交易资格,以杜绝各种被盗、走私、拼装等车混入交易市场,损害国家及消费者的利益。

2)二手车的事故判断

车辆事故状况判断一般可以从以下几方面进行。首先检查车体的周正情况;其次检查油漆脱落状况,查看排气管、镶条、窗户四周和轮胎等处是否有多余油漆,如果有,说明该车已做过油漆或翻新,再者检查底盘线束及其他连接部件状况。

3)二手车技术状况判定

通过静态检查判断车辆技术状况主要检查橡胶件的老化程度、车身金属锈蚀程度及渗漏情况,还可以检查玻璃升降是否灵活、发动机机油量、附属装置及车辆底部状况,以便对车辆整体技术性能有一个全面的把握。

2. 二手车技术状况动态检查

动态检查是指在车辆运行过程中,鉴定评估人员通过对车辆在各种工况下(如发动机起动、怠速、起步、加速、匀速、滑行、制动、换挡)的运行状况进行观察,检查汽车的操纵性能、制动性能、滑行性能、动力性能、噪声和排放状况,进而对车辆技术状况作出判断的鉴定方法。

1)车辆路试的准备工作

在车辆进行路试前应检查机油、冷却液,制动踏板、离合器踏板、转向盘及其自由行程、轮胎气压等,以保证车辆处于正常状态,适于上路行驶。

2)发动机起动和无负荷工况检查

检查起动性。观察发动机起动是否容易,工作是否良好。

无负荷的工况检查。发动机起动后,使其怠速运转,然后打开发动机罩观察发动机运行是否平稳,有无运转杂音等。

3)路试检查

发动机起动和无负荷工况检查完毕后,即可进行路试。路试应尽可能选择在车辆较少、道路条件较好,利于路试者不断改变车辆行驶状况的路段上进行。路试一般进行 15～30min。主要观察车辆离合器、变速器的工作情况以及车辆的加速、操纵、动力、制动等方面的性能。

(1)检查动力性能:由原地起步后,做加速行驶,猛踩加速踏板,看提速是否快;做高速行驶时,观察是否能够达到原设计最高车速,如不能达到,估计与设计最高车速之间的差距;车辆行驶是否平稳是否发生异响;做爬坡试验,看车辆行驶是否有力。如果提速慢,最高车速与原设计差距大,上坡无力,则说明车辆动力性能差。

(2)检查机械传动效率作滑行试验:在平坦的路面上,将汽车运行到50km/h时,踏下离合器,将变速器挂入空挡滑行,依据滑行距离估计汽车传动系统的传动效率。

4)车辆动态试验后的检查

(1)检查温度:检查油温、冷却液温度和制动鼓、轮毂、变速器壳、传动轴、中间轴轴承、驱动桥壳(特别是减速器壳)等运动机件的温度。如果运动机件过热则说明车辆运动机构间磨损、配合状况有问题。

(2)检查渗漏情况:在发动机运转及停转时,水箱、水泵、缸体、缸盖、暖风装置及所有连接部位不得有明显渗、漏水现象。行驶10km,停车5s后再观察,各种油、液、各管路和密封部位是否有渗漏现象。

六、二手车评估

1. 二手车评估的基本概念

二手车的评估是指由专门从事鉴定评估人员,按照特定的目的,遵循法定的标准和程序,运用科学的方法,对二手车进行手续检查、技术鉴定和价格估算的过程。实际上是为适应生产资料市场流转的需要,由鉴定评估人员所掌握的市场资料,依据对市场的预测,对二手车的现时价格进行估算。

机动车作为一类资产,有别于其他类型的资产而有其自身的特点。单位价值较大;使用时间较长;工程技术性强,使用范围广;使用强度、使用条件、维护水平差异大等。由于机动车本身的特点决定了二手车评估的特点。

(1)以技术鉴定为基础。由于机动车本身的技术含量较高,经使用后车辆将发生有形和无形磨损。评定车辆的价值状况,往往需要依据当前的汽车技术发展状况,并通过技术检测等手段来鉴定其损耗的程度。

(2)以单台为评估对象。由于二手车的单台价值相差大、型号规格多、车辆结构差异大,故为保证评估质量,对于单位价值大的车辆,往往都是分整车、分部件逐台进行评估。为了简化评估工作程序,节省时间,对于以产权转让为目的、单位价值较小的、批量大的车辆,也不排除整体核算的评估方法。

(3)鉴定评估要考虑其手续构成的价值:由于国家对车辆实行"户籍"管理,使用税费附加值高。因此对二手车进行鉴定估价时,除了估算实体的价值以外,还要考虑"户籍"管理手续和各种税费构成的价值。

2. 二手车评估的用途

二手车的评估是为了正确反映机动车的价值,为将要发生的经济行为提供公平的价值尺度。在二手车交易市场,二手车评估的主要用途如下:

1)协助确定二手车交易的成交额

二手车在二手车市场交易时,买卖双方对交易价格的期望值是不同的,甚至相差悬殊。因此需要鉴定评估人员对交易车辆进行鉴定估价,评估的价格作为买卖双方成交的参考价。

2)协助借贷双方实现抵押贷款

银行为了确保放贷的安全,要求贷款人以机动车作为抵押物。贷款发放者要对二手车进行鉴定评估。

3）拍卖

对于公务车辆、执法机关罚没车辆、抵押车辆等，都需要对车辆进行鉴定评估，作为拍卖的底价。

4）法律诉讼咨询服务

在法律诉讼中遇到有关车辆资产事项，需要对车辆资产作出判断时，委托鉴定估价师对车辆进行评估；法院判决时，可以根据鉴定估价师的结论为司法裁定提供现时价值依据。

另外企业或个人的产权变动也需要对车辆进行鉴定评估，识别走私车、盗抢车、非法拼装车、报废车（报废标准详见附录二）、手续不全的车等也需要由鉴定评估人员来进行鉴定，以杜绝这类车上市交易，损害消费者的利益。

3. 二手车交易价格的评估方法

1）重置成本法

指按被评估车辆的现时重置成本扣除各种因素引起的贬值来确定被评估车辆评估价值的一种评估方法。

重置成本是指在评估基准日，重新购置或构建与被评估车辆完全相同或相似的全新车辆所需的成本。

2）市场价格比较法

也叫市场比较法或市场价格比较法，以目前公开市场上出售的与被评估车辆完全相同的二手车作为参照物，依据参照物的价格来确定被评估车辆的价格；如果参照物与被评估车辆不完全相同，但相类似，则需要根据评估对象与参照物之间的异同，对参照物的市场价格作出调整，从而来确定被评估车辆的价格的一种方法。

市场价格比较法可以说是最直接、最简单的一种评估方法。这种方法的基本思路是：通过市场调查，选择市场上一个或几个与被评估车辆相同或相类似的车辆作为参照物，分析参照物的结构、功能、性能、配置、新旧程度、使用情况、地区差别、交易条件和成交价格等，并与被评估车辆——对照比较，找出两者的差别及其在价格上的差额，经调整，算出被评估车辆的价格。

3）收益现值法

二手车的价值包括车辆本身的实体价值和由各种手续组成的附加价值，对于营运车辆来说，手续组成的附加价值往往占有很高的比例，因此评估营运车辆时，既要评估车辆本身的价值，同时要考虑车辆在未来的营运过程中带来价值。即应从投资回报的角度评估车辆，也就是将被评估的车辆在剩余寿命期内的预期收益，按一定的折现率折现为评估基准日的现值，并以此来确定被评估车辆价值。

七、二手车投资价值服务

1. 二手车投资环境分析

二手车交易是汽车流通业的重要组成部分，近年来在国外二手车交易与新车交易之比为1∶1，汽车市场的发展是一个循序渐进的过程，如图4-11所示，具有一定的规律：新车销售支撑现实市场，二手车交易、二手车置换实现并完成消费群体的新一轮循环，推动汽车市场向更高层次和水平发展。由于二手车以价位低、经济实用的特点吸引大批有购车欲望的消费者，我国的二手车市场正处于导入期向成长期过渡的关键时期，一些大中城市，二手车交易异常活跃。

国内经济形势继续向好的方向发展,企业的效益好转,为汽车的需求、特别是二手车交易的扩展提供基础保证;中央继续实施积极的财政政策,为汽车市场提供了一定的发展机遇;公路建设的快速发展,高速公路的通车里程大幅度增加,带动了汽车需求的扩张;《汽车产业发展政策》的颁布实施,鼓励二手车流通,培育和发展了二手车市场;《旧机动车鉴定估价师国家职业标准》的施行,保护了国家和消费者的合法权益,对二手车市场进行管理,一个规范有序的二手车市场逐渐形成;二手车交易形式的多样化为消费者提供了更多的选择面。

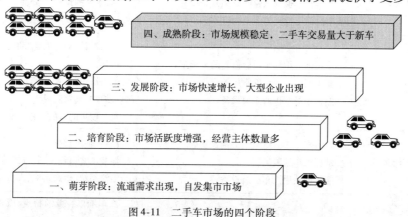

图 4-11　二手车市场的四个阶段

同时人们消费观念的更新,轿车消费需求巨大;网络普及化程度的提高,电子商务公司介入到二手车交易中来,不仅起到了信息平台的作用,同时又能够解决实际问题,网上、网下交易相结合等,这些都为国内的二手车市场的发展提供了有力的保障,为二手车价值投资提供了良好的环境,二手车的投资价值显现。

二手车经营机构的服务从二手车的收购、销售、鉴定估价、寄售、代购代销、租赁、拍卖、检测维修、配件供应、二手车的置换等,到二手车办理车辆过户、转籍、上牌、车辆保险等相关服务逐步完善。

2.人才需求

据统计,2000 年我国的二手车交易量仅为 25.17 万辆,到 2012 年二手车交易量为 479.14 万辆,在这期间二手车平均以 28.87% 的速度增长,其增幅非常大。尽管我国二手车销量多年来都一直呈现两位数的增长势态,由于起点基数小,使得我国二手车的年销量目前还不到新车年销量的 1/3。

随着汽车保有量的迅速上升,进入流通的二手车质量和成新度有了较大幅度的提高,二手车的交易是一个新起的、具有潜力的汽车后市场。二手车服务包括二手车鉴定评估、二手车经销、二手车经纪、二手车拍卖、二手车置换等服务,涉及的服务面广,需要大量掌握汽车构造原理、汽车故障诊断、营销、评估等方面技能的从业人员。

第四节　汽车技术服务

汽车技术服务主要包括:汽车维修、汽车检测、汽车钣金、汽车涂装等方面,如表 4-17 所示。

表 4-17 汽车技术服务包括主要内容

知识要点	能力要求	相关知识
汽车修理	理解汽车维护的分级；理解汽车故障诊断方法及技巧；理解汽车故障排除的方法	汽车维护的原则、汽车维护的分级及作业内容；人工经验法、仪器法、远程诊断法；换件修理法和修复修理法
汽车检测	理解汽车检测的概念与方法；理解汽车检测试验的分类方法；掌握汽车检测的主要内容	汽车检测技术的发展、汽车检测的基本方法、汽车检测试验的分类、道路试验方法、台架试验方法；整车性能检测和部件性能检测
汽车钣金	能正确使用汽车钣金修复的常用工具；能掌握汽车钣金件常用的修复方法；熟悉车身校正的主要设备	手工工具、动力工具、动力设备三大钣金修理机具；敲去修理法、撬顶修理法、拉伸修理法、加热收缩法、起褶法；车身校正的目的、"地八卦"和校正仪
汽车涂装	理解汽车涂装材料的类别及功能；掌握汽车涂装工艺；能正确使用汽车涂装设备	涂料、辅助材料；涂装工艺流程、涂装方式与路线；喷涂系统、烘烤系统、人员保护装置
汽车维修行业的发展与管理	汽车维修行业的特点与发展；理解汽车维修企业的分类方法；理解汽车维修行业的管理内容；理解汽车维修质量管理的内容	汽车维修行业的特点、汽车维修行业的发展趋势；汽车整车维修企业、汽车专项维修企业；汽车维修行业管理的概念、目的、目标、任务；汽车维修质量管理的概念、任务、汽车维修质量保证体系、汽车维修行业质量管理体系

一、汽车维修

汽车维修是保证汽车正常使用，延长汽车使用寿命，使其发挥最大效益的技术保障，是为汽车的使用者及社会发展服务的。

由于我国的汽修企业形成之初是为汽车运输行业成立的附属企业，因而其发展受运输业的影响很大。随着公路运输市场的开放，汽车维修市场也逐渐开放，给汽车维修业带来了极大的活力和生机。目前，我国的汽车维修行业是国有、民营、个体、中外合资等多种经营形式并存格局，初步形成了一个多渠道、多形式、多层次的汽车维修市场。

随着汽车维修市场需求的变化，汽车运输服务细化，主流客户群的转变，汽车维修救援、汽车俱乐部等新生事物不断出现，使汽车维修市场不断完善。

汽车维修行业协会逐步建立，作用越来越大，行业的自我管理、自我约束、自我发展的自律意识不断提高，并逐步向国际化靠拢。

1. 汽车修理

汽车修理是汽车维修企业中一项主要的技术服务，主要是对汽车发动机、底盘、电气设备进行维护、故障诊断、故障排除等作业。所以，汽车修理涉及机械与电气两大部件的修理，分别称为汽车机修工与电工两大类。由于汽车的各个工位均涉及机械与电子，所以，机电一体化成为汽车修理的发展方向。

2. 汽车的维护

汽车维护是保持车容整洁，及时发现和消除故障及其隐患，防止汽车早期损坏的技术作业。

1）汽车维护的原则

汽车维护应贯彻预防为主、强制维护的原则，即汽车维护必须遵照交通运输管理部门规定的行驶里程或间隔时间，按期强制执行，不得拖延，并在维护作业中遵循汽车维护分级和作业范围的有关规定，保证维护质量，从而防止运输单位或个人因盲目追求眼前利益，不及时进行维护，导致汽车技术状况严重下降，影响运输生产正常进行和运输汽车效益的发挥，并使运行消耗增大等不良现象的发生。强制维护是在计划预防维护的基础上进行状态检测的维护制度，即在计划预防维护基础上增加状态检测的内容，以确定附加维护作业项目，使计划维护结合状态检测进行。

2）汽车维护的分级和作业内容

汽车维护作业包括清洁、检查、补给、润滑、紧固、调整等，除主要总成发生故障必须拆解时，不得对其进行拆解。

汽车维护分为日常维护、一级维护、二级维护3个级别，如表4-18所示。

汽车维护分类及要求 表4-18

维护	要求
日常维护	由驾驶员负责执行，其作业中心内容是清洁、补给和安全检视，是驾驶员保持汽车正常工作状况的经常性工作
一级维护	由专业维修工负责执行。其作业中心内容除日常维护作业外，以清洁、润滑、紧固为主，并检查制动、操纵等安全部件。汽车经过较长里程的运行后，特别要注意对汽车的安全部件进行检视维护
二级维护	由专业维修工负责执行。其作业中心内容除一级维护作业外，以检查、调整为主，包括拆检轮胎，进行轮胎换位。这是因为汽车在经过更长里程的运行后，必须对车况进行较全面的检查、调整，维持其使用性能，以保证汽车的安全性、动力性和经济性达到使用要求。汽车二级维护前，应进行检测诊断和技术评定，了解和掌握汽车技术状况以及磨损情况，据此确定附加作业或小修项目，一般结合一级维护一并进行。 每年4月至5月和10月至11月汽车进入夏、冬季运行时，应进行季节性维护，并更换润滑油（脂），一般结合二级维护一起进行

3. 汽车故障诊断

汽车故障诊断是现代汽车维修最核心、最难的工作。汽车故障诊断之所以困难主要体现在两个方面：一是现代汽车为了提高动力性、经济性、舒适性、安全性和环境保护性能，采用了许多新技术、新结构，特别是电子技术和计算机在汽车上的广泛应用，使汽车构造相对复杂；二是导致汽车故障的因素繁多，有的甚至达几十种（如发动机怠速不良的产生原因有二三十种），可能涉及点火系统、供给系统、发动机的电子控制和机械部分，这些因素有时是单一的，有时是综合交替地起作用，因而要做到准确而迅速地诊断故障比较困难。这就要求诊断人员不仅要熟悉汽车构造及其工作原理，而且要掌握一定的诊断方法，方法越多，解决问题的能力越强。汽车故障诊断方法有很多，主要有以下几种：

1)人工经验法

人工经验诊断即直观诊断,其特点是不需要很多设备,在任何场合都可进行,诊断的准确率在很大程度上取决于诊断人员的技术水平。汽车使用面广、量大、分散,较适宜采用此诊断法。如观察发动机尾气颜色,燃料燃烧不完全时尾气为黑色,气缸上窜机油时尾气呈蓝色,油中渗水时尾气呈白色等。

人工经验诊断常用的方法包括观察法、试验法、模拟法、听觉法、触觉法、嗅觉法、替换法、度量法、分段排查法、局部拆卸法、结构分析法及排序分析法等。

2)故障树法

故障树(FTA)法是把故障作为一种事件,按其故障原因进行逻辑分析,绘出树枝图。树枝图中,每下一级事件都是上一级事件的原因,而上一级事件是下一级事件引起的结果。

3)故障症状关联表

故障症状关联表描述故障症状和故障部位之间的关系,通常用关联表表示。表中的行标明故障症状,列标明相关部件或子系统。当相互关联时,在对应的交叉点作标记。如果资料完整,也可以用1、2、3、4……标出其检查顺序,其中1表示可能性最大的原因,2表示次之,以此类推。

4)普通仪器设备诊断

普通仪器设备诊断是采用专用测量仪器、设备对汽车的某一部位进行技术检测,将测量结果与标准数据进行比较,从而诊断汽车的技术状况,确定故障原因。如万用表、四轮定位仪、灯光检验仪、发动机尾气分析仪、车轮平衡仪、汽缸压力表等。

5)汽车电脑专用诊断设备

汽车电脑专用诊断设备主要用于本公司生产的车系。如大众公司的 V. A. G1551 及 V. A. G1552、通用公司的 Tech-2、本田公司的 PGM、雪铁龙公司的 FLIT 等。它们不但能读取各系统的故障码,而且还具备执行元件诊断、部件基本设定与匹配及阅读测量运行数据、清除故障码等功能。

6)汽车电脑通用诊断设备

汽车电脑通用诊断设备(如元征 X431、车博士、修车王等)把故障诊断的逻辑步骤及判断数据编成程序,由计算机执行各车系的诊断过程。采用触摸式液晶显示器、微型打印机和可外接键盘,用户操作方便,还可网上升级,对电控系统具有诊断功能。

7)汽车电脑自诊断系统

一般汽车电脑含有自诊断系统,即随车诊断(On-Board Diagnostics,OBD)系统,汽车电控系统具有实时监视、储存故障码及交互式通信等功能。为了读取和显示故障,电控系统装备有故障警告灯和诊断接头。如有故障,仪表板上的发动机警告灯"CHECK"亮,通知驾驶员汽车存在故障。诊断接头用于触发自诊断系统,采用仪器设备读取故障代码、清除故障代码、读取数据流波形、进行匹配等作业。

8)计算机专家系统

计算机技术和汽车维修技术相结合形成计算机专家系统。它为汽车维修人员提供各种重要信息,如汽车的结构原理、维修手册、维修资料等。

系统软件是计算机专家系统的核心,它由管理程序和数据库组成。管理程序的主要任务是接收维修人员从键盘输入的信息,在屏幕上显示所需要的汽车维修资料。数据库将所有维修资料以文件的形式存储在硬盘中,供管理程序调用。有的计算机专家系统还采用图形显示,图文并茂,显示直观明了,便于维修人员按图进行检修。

9)远距离故障诊断系统

将汽车运行状态数据通过电子通信系统和网络传输到专业技术服务点,实现专家与汽车用户的信息交流,对汽车进行远程监测和诊断,以及及时、快捷的远程技术指导服务。

4. 汽车故障排除

当汽车故障原因被诊断出来后,排除汽车故障的方法通常有换件和修复两大方式。

1)换件法

对于汽车电气和电子部件的故障,通常采用换件法来排除故障。因为这些部件大多是集成电路、微机械,维修非常困难,另外,对一些部件的修复费用要高于新件费用,故一般均采用换件法。

2)修复法

对于一些机械部件,如缸体、曲轴、齿轮箱、车架、驱动桥等部件的故障一般采用零件修复法来排除故障。

零件修复法通常有机械加工修复法、镶套修复法、焊接修复法、电镀修复法、胶粘修复法等。

汽车零件修复方法的选择直接影响到汽车的修复成本和修复质量,选择时应根据零件的结构、材料、损坏情况、使用要求、工艺设备等,通过对零件的实用性指标、耐用性指标和技术经济性等进行全面的统筹分析而定,由于成本高质量难以保证,逐渐被换件法取代。

二、汽车检测

为了保证汽车的技术性能和汽车安全运行,国家建立了配套的标准和机构设置,必须定期对车辆进行检测。汽车检测工作由公安或交通部门统一管理,在全国各地建立了由公安或交通部门认证的汽车检测场(站),负责新车的登记和在用车的安全检测,修理厂修过的汽车也要经过汽车检测场(站)的检测,以确定其安全性能和排放量是否符合国家的标准。同时对检测设备也有规定标准,如检测设备的性能、检测精度、具体结构都有严格的规范,对检测设备的使用周期、技术更新等都有具体要求。

1. 汽车检测的概念

汽车检测是对汽车技术状况用定量或定性的标准进行评价,是确定汽车技术状况或工作能力的检查。汽车检测的对象是对无故障汽车进行性能测试,其目的是确定汽车整体技术状况或工作能力,检验汽车技术状态与标准值的相差程度,保障汽车行驶安全及防止公害。汽车检测主要是汽车年度审验、汽车维修质量评定、营运车辆等级评定、新车或改装车性能检验、进口汽车商品检验、汽车安全与防治公害诸方面的性能检查。汽车检测的结果一是提出汽车维护、修理和使用的建议,二是预测使用寿命,三是监督和评定维护和修理质量,四是评定营运车辆等级、划分营运客车类型,五是交通、公安等主管部门发放有关证件。

汽车检测是汽车故障诊断的基础,只有认真地检测和分析才能准确地查明故障原因。

2. 汽车检测的基本方法

汽车检测的基本方法根据其检测目的的不同而不同。目前检测的方法主要有:检测线检测、维修过程检测和例行检测。

(1)检测线检测。检测线中具有固定的设置、设施、设备和人员,按使用性能划分主要有综合性能检测线、安全性能检测线、摩托车性能检测线。其检测的意图和作用主要是车辆年审、汽车维修质量的督查与评定、营运车辆的等级评定和客车类型划分、汽车安全与防止公害性能的检查、进口商品车检验、新车或改装车的性能检验,检测线的检测一般应出具检测记录单与检测报告,目前交通部门对营运车辆的车辆等级评定、车辆维护检测和公安部门车辆的安全检测部使用统一制式的检测单和报告单。

(2)维修过程检测。这类检测是工艺过程的检测,主要是对承修车辆接车检测、拆解过程中的零件检测、修复过程后的量值检测、装合过程中的总成检测、整车维修竣工检测。维修过程检测的记录单(表)一般由企业自定。汽车维修的进出厂检验由专职质检员完成,工位检测由质检员或主修工完成。根据管理部门要求,汽车大修企业和汽车维护企业应设置符合要求的检测工位和设备配置。

(3)例行检测。这类检测主要是运输企业对在用车辆的技术状况的例行检测,其主要形式是车辆回场检测,目的是检查车辆的技术状况、保障车辆的技术状态良好和运行安全,一般设有专职人员和专用的检车台。

3. 汽车检测的主要内容

根据汽车检测部位的不同,汽车检测内容分为整车性能检测和部件性能检测两大类别。

1)整车性能检测的主要内容如下:

(1)汽车动力性检测。主要检测汽车的最高车速、加速能力、最大爬坡度、底盘最大输出功率等。

(2)汽车燃油经济性检测。主要检测百公里燃油消耗量或百吨公里燃油消耗量。

(3)汽车行驶平顺性检测。主要检测疲劳—降低工效界限和降低舒适性界限等指标。

(4)汽车通过性检测。主要检测汽车最大拖钩牵引力、行驶阻力、涉水能力、特殊地形通过能力等指标。

(5)汽车操作稳定性检测。主要检测汽车横摆角速度、侧向加速度、侧倾角、转向盘操作力等指标。

(6)汽车排放性检测。主要检测尾气排放中的 CO、CH、NO_x、烟度等指标。

(7)汽车噪声检测。主要检测车外噪声、车内噪声、喇叭噪声等指标。

(8)前照灯检测。主要检测前照灯的发光强度、光束照射方位偏移值等指标。

(9)车速表检测。主要检测车速表的指示精度。

(10)汽车制动系统检测。主要检测制动力、制动减速度、制动距离、制动时间等指标。

2)部件性能检测的主要内容如下:

(1)发动机性能检测。主要检测汽缸压力、汽缸漏气量(率)、曲轴箱窜气量、进气管真空度、发动机功率、点火正时、点火波形、喷油波形、机油压力、机油品质、机油消耗量、燃油压力等项目。

(2)传动性检测。主要检测传动功率损失、传动效率、离合器打滑率、传动系角间隙等项目。

(3)转向系检测。主要检测转向盘自由行程、转向盘转向力等项目。

(4)制动系统检测。主要检测汽车制动踏板自由行程、制动力、制动距离、制动减速度、制动时间等项目。

(5)行驶系统检测。主要检测悬架间隙、主销后倾、主销内倾、车轮外倾、前轮前束、侧滑量、车轮动平衡等项目。

(6)电气设备检测。主要检测蓄电池电解液密度、蓄电池放电程度、发电机发电量、起动机空载和负载能力等项目。

(7)电子控制设备检测。主要检测故障码、数据流、波形等项目。

三、汽车钣金

汽车钣金主要是对汽车车身及其附近的维护和修理。我国交通事故每年不断上升,尤其是碰撞事故,大量的事故车需要整形修复,而汽车钣金修复是一种手工技能操作,很难掌握,为此,汽车钣金人员相对紧缺。

1.汽车钣金的主要内容

汽车钣金修复包含钣金修复和涂装作业两项主要工作,日常习惯称之为"钣喷"。目前,这两个工种仍然相互独立,并没有像汽车"机电"那样真正融为一体。汽车钣金在国内已经历了一个漫长的发展历程,按其发展过程可划分为两个阶段,即车身焊补阶段和事故车修复阶段。

在20世纪90年代以前,由于汽车保有量小、驾驶员职业化率高、道路状况较差、汽车制造技术及钢板的防腐能力不尽如人意等原因,车身的轮弧、车门槛、底板等部位非常容易出现锈穿现象,事故汽车相对较少。汽车钣金的工作除一些日常维护外,主要是对这些锈穿的部位进行焊补。焊接前需要将金属薄板通过手工或模具冲压使其产生塑性变形,制作成所希望的形状和尺寸,然后将这些成品或半成品,根据实际情况合理选择挖补或贴补方式,焊接到腐蚀部位,主要工艺包括画线、放样、展开、剪、折、卷、焊等,也就是"铁裁缝、修补工"。

随着汽车保有量的增加、道路状况的改善、车身钢板防腐性能更加优异、车身结构设计日趋合理及驾驶员职业化率降低,导致交通事故增加,事故汽车随之增多,车身钢板的腐蚀现象越来越少,汽车钣金的工作相应由焊补阶段过渡到了事故车修复阶段。事故车修复是指通过一定的方法或手段,将汽车损伤部位恢复到原来形状和性能的一种技术和工艺,主要工作包括面板整形、车身测量、结构件校正与更换、焊接、零部件装配与调整等。

2.汽车钣金修复常用工具

从事汽车钣金修复所使用的机具与设备,大致分为手工工具、动力工具以及动力设备三大类,只有了解和掌握钣金修复机具与设备性能、用途和作业技巧,才能顺利地完成相应的钣金修复工作。常用手工工具有清洁工具、除锈工具、刮涂工具、打磨工具、刷涂工具、喷涂工具等;动力工具有红外线烘漆机、高压清洗机、手电钻、废油收集器等;动力设备有空气压缩机等。

3.汽车涂装

汽车涂装俗称汽车油漆工,是汽车维修中的一个独立工种。汽车涂装主要涉及涂装材料、涂装工艺和涂装设备等知识。

四、汽车维修行业的发展

目前,国内汽车维修行业的发展趋势归纳起来有如下几个方面。

1. 汽车维修业朝着规模化方向发展

改革开放以来,汽车维修业基本呈粗放型发展。随着社会的发展和技术的进步,汽车维修业的发展必须由粗放型向集约型转变。目前,汽车维修业已成为我国经济发展的新增长点,正在吸引社会各方面资金,上规模、上档次,并将通过企业兼并、资产重组等形式扩大经营规模,建立企业集团,以不断提高汽车维修业的规模化程度和整体素质,提高市场占有率。

2. 汽车维修业依靠科技创新提高和增强竞争能力

维修行业伴随着汽车制造技术的发展而发展,新工艺、新结构、新材料、新技术的采用对现代汽车维修业提出了许多更新、更高的要求。追踪高新技术、掌握高新技术、提供高质量的维修服务,才能在市场竞争中占据有利的地位,这已成为汽车维修企业的共识和追求的目标。

3. 汽车维修业朝着专业化及工业化方向发展

随着汽车维修市场逐步完善,激烈竞争使得汽车维修市场的分工越来越细化,并朝着专业化、工业化的方向发展。这主要表现在:一是汽车维修企业承担单一车型或同类车型的汽车维修或者建立汽车三位、四位一体及连锁经营店,为汽车制造企业做售后维修服务等;二是汽车维修业主只承担专项维修,如专门维修汽车电子控制装置、专门维修自动变速器、专门维修助力转向系统、专门维修ABS系统、专门从事钣金、专门从事喷漆、专门从事车轮动平衡和汽车美容等;三是汽车维修已开始朝着工业化流水作业发展,如发动机翻新、自动变速器翻新等。随着专业化、工业化程度的提高,维修质量也得到了提高。

4. 采用先进的管理手段实现效益

汽车维修企业通过采用现代化管理手段,在企业管理上逐步实现规模化、科学化。汽车维修企业管理主要是在车辆进厂维修过程、客户群管理、出厂记录、材料管理、财务管理、劳动人事管理等方面逐步实现计算机管理,并在生产现场逐步采用电视监控技术,不断提高企业管理水平。同时,汽车维修企业不断改善服务质量,通过实行四公开,即公开维修项目、公开收费标准、公开修理过程、公开服务承诺,积极创建文明行业等,不断实现以客户需求为导向的企业创新。

5. 发展汽车维修救援

汽车维修救援是为汽车提供紧急救援服务的新事业,是对汽车维修业服务功能的延伸。通过该系统,能够减小运输损失,提高运输效率,保障运输安全。汽车维修救援将成为汽车维修业发展的一个新的经济增长点,并且是一项利国利民的事业。

6. 二手车市场进入汽车维修企业

国外二手车交易大部分在汽车维修企业进行,同新车一样有展厅,并且这种形式得到了客户的认可。因为汽车维修企业在进行二手车交易时,一是要经过政府批准,二是要具有国家承认的持证经纪人与评估师,三是依托企业中的综合性能检测线对二手车进行科学的检测、评估与适当的翻新,这样翻新的二手车在交易后同新车一样具有保修期。因此,汽车维修企业引进这项业务是符合市场需求的。

7. 汽车维修业向连锁经营方向发展

连锁经营"BOSS"理论认为,Brand(品牌)、Operation(运营)、Supply(支持)、System(体系)将是连锁经营的三大核心竞争力。独立中小企业在加入连锁体系后,便可与总部共享品牌、广告等营销资源,使群体知名度和信誉度迅速提升;而没有经营经验的加盟店可以获得总部在管理技巧、业务知识方面的培训;特许经营最大的优势体现在物流配送方面,总部通过信息网络统一进行采购配送,不但可通过规模效应降低采购成本,也可以提高配送效率。

目前中国的汽车维修行业主要由4S服务网络和路边店构成。前者在品牌、专业维修设备、技术实力、人才储备、单车利润等方面占优;后者则在网络覆盖、维修车型种类、服务便捷、价格低廉等方面占优。快修连锁店是路边店和4S店的折中;由于兼备了两者的优势,快修连锁已经逐渐成为汽车发达国家的主导汽修模式。

从汽车发达国家近年来汽车维修行业的发展趋势来看,汽车生产厂家特约维修(4S)店的市场份额出现下降;车辆保养、更换轮胎等专项连锁经营服务网络市场份额严重下滑;仅有提供零部件供应及全系车型专业维修服务的连锁汽车维修网络市场份额稳步提升。目前汽车制造业电子元件的成本约占整车成本的35%,拥有精密诊断设备的专业维修网络有望成为汽车维修业的新锐力量。

第五节 汽车美容与装饰服务

一、汽车美容服务

1. 汽车美容的概念

"汽车美容"从字面上解释就是使汽车的容貌更美丽的行为。它起源于西方发达国家,英文名称为:"Car Beauty"或"Car Care"。由于西方发达国家汽车工业的发展,社会消费时尚的流行,以及人们对事物猎奇、追求新异的心理,促使汽车的款式不断更新换代,"追新族们"在满足心理需求的同时,又不愿使自己的旧车贬值,这样就需要对旧车进行一番特殊处理,处理后能够使旧车焕然一新,并长久保持艳丽的光彩。随着旧车翻新技术的不断提高,以及人们对车辆保养意识的增强,以汽车保养护理和翻新为主要内容的汽车美容行业也就应运而生。

汽车美容的功能界定分为三层。最基本的一层是自理性保养;第二层是浅性服务,诸如太阳膜、犀牛皮等的张贴,大包围、防盗装置等的安装,内饰品(包括真皮座椅、桃木内饰等)的改装、使用和漆面划痕处理、抛光翻新保养等,它不涉及发动机等车辆中心结构的护理工作;第三层是专业服务,这是技术含量较高的服务种类,属于美容施工深度处理,也是整个汽车美容业最深入的层次。

专业汽车美容实质是汽车的保养护理,它不仅停留在表面,而且深入到内部。其优越之处在于它自身的系统性、规范性和专业性。即根据汽车自身特点,由表及里地进行全面细致的养护,每一道工序都有标准而规范的技术要求,并采用专业工具、专业产品和专业手段进行操作。

专业汽车美容使用的是专门的养护产品,针对汽车各部位材质进行有针对性的养护、美容和翻新,使经过专业美容后的汽车不仅外部焕然一新,而且内部机械运转更加顺畅,使汽车的使用寿命得到有效延长。

综上所述,现代汽车美容,是指针对汽车各部位不同材质所需的养护条件,采用不同性质的汽车护理产品及施工工艺,以达到"旧车变新,新车保值,延寿增益"功效的汽车养护过程。

2. 汽车美容的目的

1) 保持车体表面的清洁、靓丽

汽车美容是集清洗、打蜡、除尘、翻新、漆面处理于一身的养护过程。它不仅可以清除车身表面的尘土、酸雨、鸟粪、沥青等污染物,防止漆面受到腐蚀损害,而且还可以通过漆面研磨去除表面氧化层,抛光后使车体表面清洁、靓丽。同时,通过打蜡更能使车身光彩亮丽的视觉效果保持长久。和外表肮脏、漆色暗淡的车辆相比,其价值优势不言而喻。

2) 使车表病害得以及时修复

汽车因焦油、飞漆、刮擦、碰撞等原因,致使车体表面出现斑点、划痕,特别是局部出现破损或严重老化时,如不进行修复处理,不仅影响车体表面的美观,也必将造成车表病害的扩大与深化。通过漆面斑点、划痕处理及汽车涂层的局部修补、整体翻新,会有效防止车表病害的扩大与深化,并可使车辆整旧如新。

3) 给汽车以全面的养护

汽车美容除了可使车体表面的清洁、靓丽,车表病害得以及时修复以外,还可以通过对汽车室内各部位及主要配置、行李舱、汽车空调等的清洁护理,消除异味、大大延长内饰件在使用周期内的使用舒适性。特别是对底盘及发动机的内、外部护理,可极大地改善其散热效果,减少各运动副之间的磨损,使汽车内部机械运转更加顺畅,有效延长汽车的使用寿命。

3. 汽车美容的分类

1) 根据汽车的服务部位分类

可分为车身美容、内饰美容和漆面美容。

(1) 车身美容:即对汽车外表进行去污翻新处理。主要的服务项目有高压洗车;去除沥青、焦油等污物;上蜡增艳与镜面处理;新车开蜡;钢圈、轮胎、保险杠翻新与底盘防腐涂胶处理等。

(2) 内饰美容:内饰美容服务是针对驾驶室、发动机及行李舱等进行的清洁及美化。比如,驾驶室中的仪表台、顶篷、地毯、脚垫、座椅、座套、车门内饰的吸尘清洁保护以及蒸汽杀菌;冷暖风口除臭;室内空气净化等项目。

(3) 漆面美容:漆面美容服务即对车身外表的漆面进行的养护及美化处理。目前主要开发的服务项目有氧化膜、飞漆、酸雨处理;漆面深浅划痕处理;漆面部分板面破损处理及整车喷漆等。

2) 根据汽车美容的性质分类

可分为护理性美容和修复性美容。

(1) 护理性美容:护理性美容是对汽车内外部的老化、损坏进行预防性清洁美化及养护。其主要服务项目有汽车清洗;漆面研磨、抛光与还原、开蜡与打蜡;内饰护理(包括仪表台、顶篷、地毯、脚垫、座椅、座套、车门内饰的吸尘清洁保护,以及蒸汽杀菌、冷暖风口除臭、室内空气净化等项目);发动机及底盘清洁与护理等。

(2) 修复性美容:汽车修复美容是对车身漆膜有损伤的部位,先进行漆膜修复,然后再进行美容。这种美容主要是对车身及漆膜部分进行的处理和护理。其主要服务项目有漆面斑点及划痕处理;漆膜病态处理;车身变形的修复;汽车涂层的局部修补及整体翻新等。

3)根据汽车的实际美容程度分类

可分为一般美容和专业美容。

(1)一般美容:它主要是通过洗车、打蜡的方法,去掉汽车表面的尘土、污物,并使其表面光亮艳丽。一般美容可对汽车表面起到粗浅美容的作用,它作为自理性美容,不需要专门的工作场地,一般车主可自行做到。

(2)专业美容:它包括对汽车护理用品的正确选择与使用;汽车漆膜的护理;各部位的美化处理及养护等内容。专业汽车美容是通过专业的设备和用品,经过几十道工序,从车身、内室、发动机、钢圈、轮胎、底盘、保险杠、油路、电路、空调系统、冷却系统、进排气系统等各部位进行彻底的清洗和维护,使旧车变新并保持长久,使整车焕然一新。这样的汽车美容才是真正的专业汽车美容。

专业汽车美容应有专门的美容操作工作室,工作室应与外界隔离,设有漆膜维修处理工作室、干燥室、清洗室、美容护理室,是独立可不干扰,但又一定的联系;各工作室应有相应的设备、工具及能源,可供施工所用;所有的施工人员,必须是经过专业技术培训,取得上岗证书者,才可进行施工操作;汽车美容用品及有关材料必须是正规厂家生产的合格品。

二、汽车装饰服务

1. 汽车装饰的概念

随着人们对个性化和时尚感的追求,汽车装饰业便应运而生。汽车装饰正像房屋装修那样,已成为汽车使用的一个必然过程。车主对批量生产的同一款车在美学、舒适性、方便性等方面提出了更高的不同要求,通过对车身内外的装饰,可使消费者得到最大限度的满足。可以说汽车装饰美容业已经成为汽车售后服务中非常重要的环节,并逐步向普及化和专业化方向发展。

汽车装饰就是通过增加一些附属的物品,使原车变得更加豪华、靓丽、温馨、舒适、方便、安全,这种行为叫作汽车装饰,所增加的附属物品叫作汽车装饰品。

2. 汽车装饰的目的

1)改进车辆外观

根据车主的个性化追求比如车主选择加装全车大包围和升级轮圈轮胎。加装大包围从性能上来说,可以减少汽车行驶中的空气阻力,提高高速平衡性,车的外观也更加整体协调、与众不同。而把轮圈升级,可以更好地保持行驶中的平稳性和安全性,更主要的是车辆外观看上去更有跑车风范。

2)使室内更加舒适、方便

现代人在享受汽车高效、快捷的同时,也注重对车辆舒适性和方便性的追求。车辆加装太阳膜,可有效抵御紫外线的直接侵害;而室内真皮座椅的装饰,更能够让汽车在视觉上、触觉上,甚至在嗅觉上都有一个好的心理感受,且能最大限度提升轿车的档次。特别是汽车音响及车载电话、电视的选装,更能使人尽享驾乘的快乐。

3)对车辆的性能进行合理的提升

通过对车辆性能的合理提升,以提高车辆的使用价值,如:车身刚性不佳及底盘结构不良的车辆,车主有时会加装平衡杆(亦称为扭杆),以弥补车身刚性的不足。并且有时会改装防倾杆与更换减振器,用以加强底盘结构。而给汽车加装尾翼,不仅可改变视觉效果,而且可使空气对汽车产生第四种作用力,即对地面的附着力。它能抵消一部分升力,控制汽车上浮,减小风阻影响,使汽车能紧贴着道路行驶,从而提高行驶的稳定性。另外,加装电子整流器可以省油、提升扭力和操控反应,使车的电气负荷减少,延长电池寿命。特别是女性驾车新手,在车后加装可以显示车距的倒车雷达,对日常的倒车入库能起到很重要的帮助作用。除此以外,加装大视野后视镜,能让驾驶者在驾驶时减小盲区,增加安全性。这些汽车装饰内容都会对车辆的性能有一定的提升作用。

3. 汽车装饰的分类

1)按汽车装饰的部位分类

可分为汽车外部装饰、汽车内室装饰及电子设施装饰。

(1)汽车的外部装饰。汽车的外部装饰简称汽车外饰,指对汽车外表面进行的加工处理,如对汽车顶盖、车窗、车身周围及车轮等部位进行的装饰。

(2)汽车的内部装饰。汽车的内部装饰简称汽车内饰,指汽车驾驶室和乘客室进行的加工处理,如对汽车顶篷内衬、侧围内护板和门内护板、仪表板、座椅、地板等部位进行的装饰。

(3)汽车的电子设施装饰。指为使汽车更加安全、便利而加装的各种附属产品,如安全带语音提示器、各种车载电子电气设备、防盗防护设备等。

2)按汽车装饰的作用分类

可分为美观类、舒适类、防护类、便利类、安全类等,如表4-19所示。

汽车装饰的作用与分类　　　　　　表4-19

分 类	内 容
美观类装饰	使外表更加豪华、靓丽,如加装车身大包围、各种贴纸、扰流板等
舒适类装饰	使内部更加温馨、舒适,如加装多碟CD和低音炮音箱、天窗、真皮座椅等
防护类装饰	可给汽车以防护作用,如加装防盗装置、保险杠、防撞胶等
便利类装饰	使车辆更加方便、实用,如电动门窗、车载电话、电子导航装置、车载冰箱等
安全类装饰	使车辆更加安全可靠,如加装大视野后视镜、安全气囊、安全带等

三、汽车美容与装饰行业的现状与发展前景

1. 行业队伍不断壮大

随着我国机动车保有量的直线上升,汽车美容装饰市场也随之兴旺,同时,大多数私家车主对爱车的日常维护已经从"以修为主"逐渐转变成"以养为主",这也极大地激活了汽车美容装饰服务市场,汽车美容店、汽车装饰店如雨后春笋般涌现。不光是专业的汽车美容装饰企业,就连一些汽车养护产品的生产企业,甚至是汽车销售商也把他们的触角延伸到了这一领域,汽车美容与装饰行业的队伍在不断壮大。

2. 行业服务亟待规范

由于缺乏统一的服务标准,不同的商家之间汽车美容装饰服务报价相差悬殊。市场上汽车装饰的利润率一般会在40%~50%,个别商家的利润率可以达到120%~200%。美容

装饰行业缺乏统一的服务标准,所以导致服务报价悬殊,由于消费者很难衡量服务的质量,长此下去,容易对美容装饰市场失去信心。

出台相应的管理办法和行业标准来规范市场已成为必要,这样既能在一定程度上杜绝假冒伪劣产品混入市场,规范生产商和经销商的行为,又可以让市场向专业化、规范化方向发展,从而保证广大汽车消费者的合法权益。

3. 专业技术人才短缺

汽车美容与装饰行业需要专门的技术人才,一般刚入行的技工只能做洗车、打蜡等技术要求不高的初级汽车美容。而汽车封釉、贴防爆膜等技术要求比较高的专业活,则需要经验丰富的技术工人来做。

以汽车装饰为例,现实的情况是缺少专业的汽车装饰技师,并且这一行业在考核标准上现在还是空白。比如普遍认为技术、服务相对标准较高的各汽车品牌的4S店,虽然它们都有自己的装饰部门,相关的工作人员都经过生产厂家严格的培训,但基本上也只做抛光、打蜡、清理内饰、安装倒车雷达等装饰活。对于技术含量相对高的贴防爆膜、封釉等精细活,还是只能找专业技师来处理。

由于这种专业技术人才短缺,一些技术过硬的汽车装饰技师甚至是在不同的装饰店来回赶场。而严格意义上的汽车装饰师或汽车美容师的工作范畴,应该包括分析客户的要求,做出相应的汽车美容装饰方案,然后做车表美容、车饰美容、漆面美容、汽车防护等方面的不同处理,但目前国内大多数的汽车美容装饰服务远远达不到这种水准。

4. 市场前景不可限量

据市场调查表明:目前我国60%以上的私人高档汽车车主有给汽车做外部美容养护的习惯;30%以上的私人低档车车主开始形成给汽车做美容养护的观念;30%以上的公用高档汽车也定时进行外部美容养护。据不完全统计,每辆车用在装饰品的投资少则几百元,多则几千元甚至上万元。汽车美容业巨大的市场潜力可见一斑,其市场前景不可限量。

第五章　汽车服务工程专业知识与课程体系

第一节　汽车服务工程专业的属性

一、本科教育学科属性

我国本科教育划分为学科门类、专业类和专业三个层次。

1. 学科门类

学科门类是对具有一定关联学科的归类,是指授予学位和培养学生的学科类别。

目前,我国普通高等学校本科共设12个学科门类,分别是:哲学、经济学、法学、教育学、文学、历史学、理学、工学、农学、医学、管理学和艺术学。在我国普通高等学校中,未设军事学学科门类。

汽车服务工程专业类属于工学门类,工学是指工程学科的总称,招收高中理科毕业生。

2. 专业类

专业类是指根据科学研究对象在各学科门类下划分的学科分类体系,我国共设92个专业类。

工学门类下设专业类最多,共设31个,占了总专业类的1/3,分别是:工程力学类、机械类、仪器仪表类、材料类、能源动力类、电气类、电子信息类、自动化类、计算机类、土木类、水利类、测绘类、化工与制药类、地质类、矿业类、纺织类、轻工类、交通运输类、海洋工程类、航空航天类、武器类、核工程类、农业工程程类、林业工程类、环境科学与工程类、生物医学工程类、食品工程类、建筑类、安全科学与工程类、生物工程类和公安技术类。

汽车服务工程专业类属于工学门类下的机械类专业。

3. 专业

专业是指高等学校根据社会专业分工的需要设立的学业类别。各专业都有独立的教学计划,以实现专业的培养目标和要求。

专业分为基本专业和特设专业。基本专业是指学科基础比较成熟、社会需求相对稳定、布点数量相对较多、继承性较好的专业;特设专业是针对不同高校办学特色,或适应近年来人才培养特殊需求设置的专业。基本专业每五年调整一次,相对稳定;特设专业处于动态,每年向社会公布。这有利于学校专业设置的动态调整,为高校根据办学需要适时调整专业提供了机制保障。

我国目前共有506种本科专业,其中,基本专业352种,特设专业154种。在这506种本科专业中,有62种专业为国家控制布点专业。

机械专业类是工科中一个大的专业类,是理科生选报的热门专业之一,与电气自动化并列为最强工科。机械类专业除了需要很好的理科知识外,还需要比较强的绘图能力。社会对机械类技术人员的需求量很大,就业率也一直是最高的,约95%左右。

机械专业类设有机械工程、机械设计制造及其自动化、材料成型及控制工程、机械电子工程、工业设计、过程装备与控制工程、车辆工程、汽车服务工程、机械工艺技术、微机电系统工程、机电技术教育和汽车维修工程教育12个专业,其中前8个专业为基本专业,后4个专业为特设专业。

专业是随社会的发展而发展的,由于社会科学技术的高速迅猛发展,人类在享受科学技术飞速发展的同时出现了传统的专业发展变化,伴随高科技化的逐步前进,不断地分化出新的专业,如机电一体化专业,并且转化为大量的社会和企业职业需求。

二、汽车服务工程专业授予工学学士学位

学位是标志被授予者的受教育程度和学术水平达到规定标准的学术称号。

1. 学位级别

我国学位分学士、硕士和博士三级。"博士后"不是学位,而是指获准进入博士后科研流动站从事科学研究工作的博士学位获得者。

学士学位,由国务院授权的高等学校授予。硕士学位、博士学位由国务院授予的高等学校和科研机构授予。

高等学校本科毕业生,成绩优良,达到规定的学术水平者,授予学士学位;高等学校和科研机构的研究生,或具有研究生毕业同等学历的人员,通过硕士(博士)学位的课程考试和论文答辩,成绩合格,达到规定的学术水平者,授予硕士(博士)学位。授予学位的高等学校和科研机构,在学位评定委员会做出授予学位的决议后,发给学位获得者相应的学位证书。

学士是初级学位。通常由高等学校授予大学本科毕业生。《中华人民共和国学位条例暂行实施办法》规定,申请学士学位的条件是高等学校本科学生完成教学计划的各项要求,经审核准予毕业,其课程学习和毕业论文(毕业设计或其他毕业实践环节)的成绩合格,表明确实已较好地掌握了本门学科的基础理论、专门知识和基本技能,并具有从事科学研究工作或担负专门技术工作的初步能力者。

硕士是第二级学位。通常在获得最初一级学士学位后,再修读1~3年方可获得。一些国家把硕士学位作为获得博士学位的一种过渡学位。中国学位条例把硕士列为独立的一级学位,既要求读课程,又要求做论文。《中华人民共和国学位条例暂行实施办法》规定,申请硕士学位的条件是高等学校和科研机构的研究生,或具有研究生同等学历的人员,通过硕士学位的课程考试和论文答辩,成绩合格,达到学术水平,即在本门学科上掌握了坚实的基础理论和系统专门知识,具有从事科学研究工作或独立担负专门技术工作能力者。

博士是最高一级学位。《中华人民共和国学位条例暂行实施办法》规定,博士学位的条件是高等学校和科研机构的博士学位研究生,或具有博士学位研究生毕业同等学历者,通过博士学位的课程考试和论文答辩,成绩合格,达到下述学术水平,即在本门学科上掌握了坚实、宽广的基础理论和系统、深入的专门知识,具有独立从事科学研究工作的能力,在科学或

专门技术上做出创造性的成果者。

2. 学位与学历

学历是指求学的经历，即曾在哪些学校肄业或毕业。

国家承认的学历在初等教育方面有小学，在中等教育方面有初中、高中（包括中职、职高、技校），在高等教育方面有专科、本科、硕士研究生、博士研究生四个层次，另外还有第二学士学位班、研究生班（研究生班近几年已停招）。经国家主管教育部门批准具有举办学历教育资格的普通高等学校（含培养研究生的科研单位）、成人高等学校所颁发的学历证书，国家予以承认。另外，通过自学考试，由国务院自学考试委员会授权各省（自治区、直辖市）自学考试委员会颁发的自学考试毕业证书，国家同样予以承认。

学位不等同于学历，获得学位证书而未取得学历证书者仍为原学历。取得大学本科、硕士研究生或博士研究生毕业证书的，不一定能够取得相应的学位证书；取得学士学位证书的，必须首先获得大学本科毕业证书，而取得硕士学位或博士学位证书的，却不一定能够获得硕士研究生或博士研究生毕业证书。

现在经常出现将学位与学历相混淆的现象，如有的人学历为本科毕业，以后通过在职人员学位申请取得了博士学位，这时，学历仍为本科，而不能称之为取得"博士学历"。

3. 学位证书

学位证书是为证明学生专业知识和技术水平而授予的证书，在我国学位证授予资格单位为通过教育部认可的高等院校或科研机构。

获得学位意味着被授予者的受教育程度和学术水平达到规定标准的学术称号，经在高等学校或科研部门学习和研究，成绩达到有关规定，由有关部门授予并得到国家社会承认的专业知识学习资历。

在一个大学修完该修的学分，所有成绩及格，你就可以拿到该学校的毕业证。但是学位证是在所有成绩及格的基础上，有更高的要求。目前我国大部分学校都会要求学分绩点达到 3.0（通常即加权平均分为 70 分）以上才能被授予学士学位，否则只能拿到毕业证。

有些学校有特别要求，比如若出现考试作弊的行为，毕业时只能拿到毕业证，不能授予学士学位。目前我国大学的学位证书已不与大学英语四级考试挂钩。若干年前很多学校要求学生在校期间必须通过大学英语四级考试，否则毕业时拿不到学位证书，但该限制已经在最近几年中陆续废除。

学士学位证书与本科学历证书的式样如图 5-1 所示，可在 http://www.chsi.com.cn/（中国高等教育学生信息网）上查询学历证书。

4. 学士学位的类别

学士学位的类别与我国学科门类是对应的，12 个学科门类分别授予相应的学位，即学士学位的类别分为：理学、工学、农学、管理学、经济学、医学、教育学、军事学、哲学、历史学、文学和法学 12 种学士学位。少数交叉性专业可以授予 2 种学位，可由学生自主选定某一种学位。

汽车服务工程专业类属于工学学科门类下的一个专业，所以，应授予工学学士学位。

三、汽车服务工程专业的发展

注重服务是现代消费的趋势，汽车产品作为机电一体化的技术密集型产品，无论是在购车环节还是在使用环节,其消费者更需要切实完善的服务。因此,随着我国汽车行业进入高速增长期,社会对面向汽车后市场汽车人才的需求也越来越多。

a) b)

图 5-1 学士学位证书与本科学历证书的式样
a)学士学位证书;b)本科学历证书

国家教育部注意到这一需求,首次于 2003 年批准在武汉理工大学设立"汽车服务工程"本科专业后吉林大学、同济大学、长安大学、山东交通学院等纷纷开设了该专业。

目前,我国已有 100 余所高校开设汽车服务工程专业。每年新增开设该专业的高校也呈增长趋势,例如,2013 年有 27 所高校获教育部批准新增汽车服务工程专业。

汽车服务工程专业在国内开办时间较短,相近专业是交通运输专业(原汽车运用工程专业)。武汉理工大学作为首个开设该专业的高校,在专业建设与研究方面起步较早,也获得了较丰富的成果。如首次界定了汽车服务工程的专业内涵;首次分析了汽车服务人才的专业素质构成,据此提出了汽车服务工程专业本科培养目标;开创性地运用现代 IT 技术,首次建设了汽车商务模拟实验室,模拟汽车生产商市场研究、整车销售、资源分配、财务管理、物流配送等全部商务过程;还牵头成立了"高等学校汽车服务工程专业教学指导分委员会"等。但作为一个开办时间较短的新型专业,其专业建设任务是非常艰巨的,专业建设过程中涉及多个方面需要不断改革调整,这就需要多个高校积极研究探索,丰富专业的发展内涵。

从专业覆盖面看,汽车服务工程作为工学和管理学、经济学的一个交叉学科,关注的是从汽车下线进入用户开始,到整车报废为止的全过程,因此汽车后市场对汽车服务工程人才的知识结构和能力素质的需求是非常复杂的。既涉及分销服务、金融服务、运输服务等贸易层面上的要求,还涉及如保险理赔的责任鉴定、贸易摩擦争端的调查、技术服务、二手车鉴定评估、服务网络的规划和建设等工程技术层面上的要求。因此,汽车服务工程专业既不同于一般的商业贸易专业,也不同于一般的工程技术专业,它培养的学生必须是集工程知识、服务知识、贸易知识于一体,具有"懂技术、会经营、擅服务"能力素质,能够胜任服务领域工作的高级复合型人才。但汽车服务领域涉及范围确实太宽泛,到底能不能培养出一个"通才"。各高校在人才培养时,能不能只侧重某一方向或领域,如汽车营销方向、汽车保险方向、汽车评估方向、汽车检测与维修方向等,突出特色,从而培养一个相对的"专才",这是值得研究的一个课题。因此全国各高校都在根据自身的条件及当地的发展情况,合理地调整汽车服务工程专业办学方向,为当地经济建设服务。

第二节　典型高校汽车服务工程专业人才培养方案

汽车服务工程(Automobile Service Engineering)
专业代码:080208　　　　　授予学位:工学学士

一、专业定位、培养目标与规格

1. 专业定位

汽车服务工程专业是为适应汽车营销、汽车保险、汽车评估、汽车技术服务等汽车后市场人才需求设置的本科专业。本专业按照"立足交通,突出特色,强化素能"的办学定位,以载运工具运用工程、机械工程、金融学等学科为基础,以汽车营销、汽车保险、汽车评估、汽车技术服务为专业方向,培养交通运输管理部门、汽车维修企业、二手车交易市场、保险行业生产和管理第一线需要的高素质应用型人才。

2. 培养目标

本专业培养适应经济与社会发展需要,德、智、体全面发展的,具备坚实的数学、外语、计算机基础,掌握汽车服务领域所必需的较为系统的基础科学理论、专业基础理论、扎实的专业知识与技能,了解汽车服务领域理论前沿与发展动态,熟悉国家关于汽车服务领域的技术标准和相关法规,具有较强的组织协调能力、现场操作能力、一定的人文科学素养和工程素养,能在交通运输管理部门、汽车服务企业、大型运输企业、二手车交易市场、汽车保险公司从事汽车后市场的组织、设计、生产、经营、管理、保险与理赔等方面工作的高素质应用型人才。

3. 培养规格

本专业学生主要学习载运工具运用工程、机械工程、金融学等学科基本理论和基本知识,受到汽车营销、汽车保险、汽车评估、汽车技术服务等方面的基本训练,具有汽车服务技术保障、组织、管理等方面的基本能力。

毕业生应获得以下几方面的知识、能力和素质:

1)知识结构

(1)掌握汽车服务领域所必需的较为系统的基础科学理论及一定的人文和社会科学知识,扎实的专业基础理论。一般包括:高等数学、大学英语、大学物理、理论力学、材料力学、机械制图、机械设计基础、电工与电子技术、计算机应用、人文社会科学等。

(2)掌握汽车服务领域必要的专业知识和技能,具有一定的工程质量和效益观念。一般包括:汽车构造、汽车电气设备、汽车理论、汽车运用工程、汽车诊断与检测技术、汽车维修工程、汽车营销学、汽车保险与理赔、汽车评估、汽车驾驶实习、专业生产实习、专业综合技能训练等。

(3)熟悉国家关于汽车服务领域的技术标准和相关法规,了解汽车服务领域理论前沿与发展动态。一般包括:汽车服务工程专业导论、道路交通安全法、保险法、交通行业标准、汽车行业标准、保险行业标准等。

(4)了解基本的军事和国防知识。一般包括:军事理论、军事训练等。

2)能力结构

(1)具有较强的分析解决汽车服务工程领域实际问题的能力、组织管理和生产经营能力。

(2)具有正确运用本国语言、文字的表达能力,具有较强的外语与计算机应用能力。

(3)具备较强的社会适应能力,良好的团队合作与协调能力。

(4)具有文献检索、资料查询的基本能力,较强的自学能力,一定的创新和研发能力。

(5)具有科学锻炼身体、文学艺术欣赏的基本能力。

3)素质结构

(1)热爱祖国,热爱人民,拥护中国共产党的领导,政治立场正确,思想稳定。

(2)具有良好的道德品质,具备社会责任感,遵守社会公德和法律。

(3)具有较强的吃苦耐劳精神。

(4)具有健康的体魄、健全的人格、良好的心理素质和行为习惯,具有合作精神。

4. 专业特色

依托"载运工具运用工程"山东省特色重点学科、交通部行业重点实验室和校内外的实习基地,面向汽车营销、汽车保险、汽车评估、汽车技术服务等行业需求,培养"精专业,实基础,强能力,高素质"的应用型人才。

5. 学制、授予学位和相近专业

学制:4年;授予学位:工学学士;相近专业:交通运输、车辆工程。

二、课程设置

1. 主干学科

载运工具运用工程、机械工程、金融学。

2. 主要课程

高等数学、大学英语、机械制图、理论力学、机械设计基础、汽车构造、汽车理论、汽车营销、汽车保险与理赔、汽车评估等。

3. 课程设置表(表5-1)

课程设置表　　　　　表5-1

(1)公共基础课

修课要求	课程编号	课程名称	课程英文名称	先修课程
必修课	030105	马克思主义基本原理概论	Introduction to the basic principles of Marxism	思想道德修养与法律基础
	030106	毛泽东思想和中国特色社会主义理论体系概论	Introduction to Mao Zedong thought and the theoretical system of socialism with Chinese characteristics	马克思主义基本原理概论
	030107	中国近现代史纲要	Ideology and moral cultivation and law foundation	
	030108	思想道德修养与法律基础	Conspectus of Chinese Modern History	
	030203	形势政策	Situation and Policy	
	190201	军事理论	Military Theory	

续上表

(1) 公共基础课

修课要求	课程编号	课程名称	课程英文名称	先修课程
必修课	020101	体育	Physical Education	
	120101	大学英语	College English	
	010101	高等数学	Higher Mathematics	
	010102	线性代数	Linear Algebra	高等数学
	010103	概率论与数理统计	Probability And Mathematical Statistics	高等数学、线性代数
	010108	运筹学	Operational Research	高等数学
	010201	大学物理	College Physics	高等数学
	010202	大学物理实验	College Physical Experiment	大学物理
	080102	计算机技术基础（C）	Foundations of Computer Technology	

(2) 专业基础课

修课要求	课程编号	课程名称	课程英文名称	先修课程
必修课	060801	机械制图	Mechanical Drawing	
	010301	理论力学	Theoretical Mechanics	高等数学
	010302	材料力学	Mechanics of Materials	理论力学
	080302	电工与电子技术	Electrical and Electronic Technology	大学物理
	060105	金属工艺学（金属材料机加工）	Technology of Metals	机械制图
	060106	互换性原理与技术测量	Technology of Exchangeability Measurement	机械制图、理论力学、材料力学、金属工艺学
	060103	机械设计基础	Foundation of Mechanical Design	机械制图、理论力学、材料力学
	060306	液压传动	Course Syllabus Hydraulic Transmission	机械制图

(3) 专业必修课

修课要求	课程编号	课程名称	课程英文名称	先修课程
必修课	040223	汽车服务工程专业导论	Automobile Service Engineering Introduction	
	040102	汽车构造	Structure of Automobile	机械制图
	040301	发动机原理	Principle of Engine	汽车构造
	040302	汽车理论	Theory of Automobile	汽车构造、发动机原理
	040406	汽车营销学	Automobile Marketing	汽车构造

续上表

(3) 专业必修课

修课要求	课程编号	课程名称	课程英文名称	先修课程
必修课	040304	汽车运用工程	Automotive Application Engineering	发动机原理、汽车构造
	040201	汽车电气设备	Automotive Electrical Equipment	汽车构造、电工与电子技术
	040410	汽车保险与理赔	Automotive Insurance and Claims Settlement	汽车构造、汽车电气设备、汽车理论
	040435	二手车鉴定与评估	Identification and Assessment of Second-hand Cars	汽车构造、汽车电气设备、汽车诊断与检测技术
	040107	专业英语	Specialty English	大学英语、汽车构造、汽车电气设备
	040207	新能源汽车	New Energy Automobile	汽车构造、汽车电气设备
	040307	汽车诊断与检测技术	Automotive Diagnosis and Inspection Technology	汽车构造、汽车理论、汽车运用工程、汽车电气设备、发动机原理

(4) 专业方向限选课

修课要求	课程编号	课程名称	课程英文名称	先修课程
	方向一:汽车营销			
必修课	040409	市场调查与预测	Market Investigation and Forecasting	
	040420	汽车消费心理学	Automobile Consumer Psychology	汽车构造、汽车电气设备
	040408	汽车市场学	Automobile Marketing	汽车构造、汽车电气设备
	方向二:汽车保险与理赔			
	040482	汽车碰撞估损	Crash Loss Assessment of Automobile	汽车构造、汽车电气设备、汽车维修工程
	040412	保险经营与管理	Insurance Business and Management	
	040229	汽车事故鉴定	Identification of Automobile Accident	汽车构造、汽车电气设备、汽车维修工程
	方向三:汽车评估			
	040482	汽车碰撞估损	Crash Loss Assessment of Automobile	汽车构造、汽车电气设备、汽车维修工程
	090113	资产评估	Property Assessment	
	040483	汽车钣金修复与喷涂	Automotive Sheet Metal Repairing and Spraying	汽车构造

续上表

修课要求	课程编号	课程名称	课程英文名称	先修课程
(4)专业方向限选课				
	方向四:汽车技术服务			
必修课	040305	汽车维修工程	Automotive Maintenance Engineering	汽车构造、汽车电气设备
	040483	汽车钣金修复与喷涂	Automotive Sheet Metal Repairing and Spraying	汽车构造
	040204	汽车单片机	Automobile Singlechip	汽车构造、汽车电气设备、汽车理论
(5)专业方向任选课				
修课要求	课程编号	课程名称	课程英文名称	先修课程
选修课	040486	汽车服务系统规划	Automotive Service System Planning	汽车构造、汽车维修工程
	040477	汽车保险法规	Automobile Insurance Regulations	汽车构造、汽车电气设备
	040203	汽车电控技术	Automotive Electronic Control Technology	汽车构造、汽车电气设备
	050104	物流学	Logistics	
	040467	商务礼仪与公共关系	Business Etiquette and Public Relations	
	040453	汽车CAD	Automobile CAD	机械制图、汽车构造
	040110	汽车安全工程	Automobile Safety Engineering	汽车构造、汽车检测技术
	040436	市场决策与定价	Market Decision and Pricing	汽车构造、汽车电气设备
	040318	汽车节能与排放	Automobile Energy Saving and Emission Control	汽车构造、汽车理论
	040229	汽车事故鉴定	Identification of Automobile Accident	汽车构造、汽车理论
	040487	汽车服务企业管理	Enterprise Management of Automobile Service	汽车构造、汽车电气设备
	040474	汽车配件技术管理	Technology Management of Automobile Parts	汽车构造、汽车电气设备
	090207	国际金融	International Finance	
	040108	科技写作	Technical Writing	
	040417	财产保险	Property Insurance	
	040488	汽车再生工程	Automobile Renewable Engineering	金属工艺学、互换性原理与技术测量、汽车运用工程
	040407	推销技术与谈判技巧	Selling Techniques and Negotiating Skills	
	010111	复变函数与积分变换	Complex Function and Integral Transform	
	040484	人身伤害理赔	Personal Injury Claims	
	040485	汽车贸易	Automobile Trade	汽车构造、汽车电气设备

4. 课程体系结构图(拓扑图,见图5-2)

第五章 汽车服务工程专业知识与课程体系

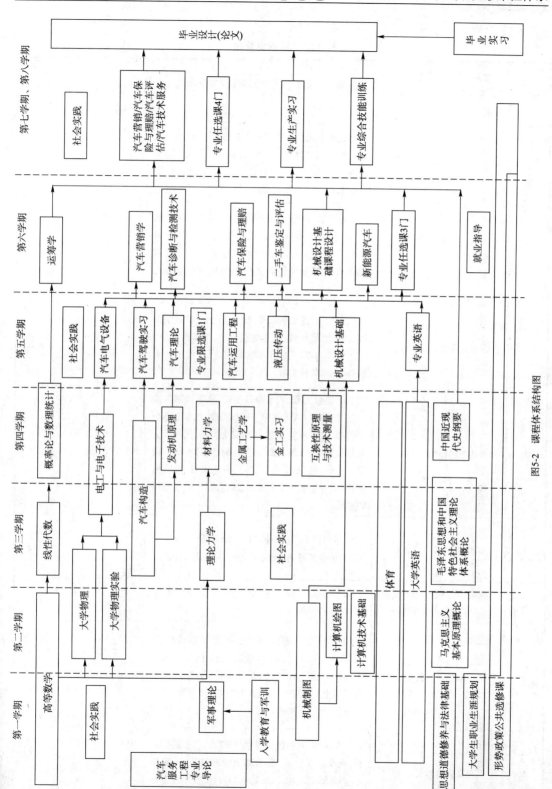

图5-2 课程体系结构图

5. 专业能力和素质的发展（表5-2）

专业能力素质发展表　　　　　　　　　　表5-2

序号	通用能力、专业基础能力、专业核心能力、专业拓展能力、实践能力	主要相关课程、环节来实现（按相关强弱度排序）	备注
1	通用能力	马克思主义基本原理概论、思想道德修养与法律基础、入学教育与军训、体育、文体活动、大学英语、高等数学、大学物理、大学物理实验、计算机技术基础（C）、社会实践	
2	专业基础能力	线性代数、概率论与数理统计、运筹学、机械制图、理论力学、材料力学、电工与电子技术、金属工艺学、金工实习、互换性原理与技术测量、机械设计基础、机械设计基础课程设计、汽车服务工程专业导论	
3	专业核心能力	汽车构造、发动机原理、汽车理论、汽车运用工程、汽车电气设备、汽车电控技术、汽车营销学、汽车保险与理赔、二手车鉴定与评估、汽车技术服务、汽车驾驶实习	
4	专业拓展能力	汽车维修工程、汽车事故鉴定、汽车诊断与检测技术、汽车CAD、汽车节能与排放、汽车服务企业管理、汽车再生工程、汽车安全工程、汽车钣金修复与喷涂、市场决策与定价、财产保险、汽车贸易、国际金融、专业生产实习、毕业实习、素能拓展课、大学生职业生涯规划、就业指导、学术与科技活动	
5	实践能力	汽车驾驶实习、专业综合技能训练、专业生产实习、毕业实习、毕业设计、金工实习、社会实践	
6	保险经纪从业人员资格证 保险公估从业人员资格证	汽车保险与理赔、保险经营与管理、人身伤害理赔、财产保险	
7	二手车鉴定评估师	汽车构造、发动机原理、汽车理论、汽车运用工程、汽车电气设备、汽车测试技术、汽车维修工程、汽车检测与维修、汽车事故鉴定、汽车评估、汽车再生工程、汽车安全工程、汽车可靠性工程、专业生产实习、毕业实习	
8	汽车高级维修工	汽车构造、发动机原理、汽车理论、汽车运用工程、汽车电气设备、汽车测试技术、汽车检测技术、汽车维修工程、汽车检测与维修、汽车钣金修复与喷涂、专业生产实习、毕业实习	

续上表

序号	通用能力、专业基础能力、专业核心能力、专业拓展能力、实践能力	主要相关课程、环节来实现(按相关强弱度排序)	备注
9	汽车碰撞估损师	汽车构造、发动机原理、汽车理论、汽车运用工程、汽车电气设备、汽车维修工程、汽车检测与维修、汽车保险学、汽车技术服务管理、汽车安全工程、专业生产实习、毕业实习	
10	机动车驾驶证	汽车构造、汽车驾驶实习、发动机原理、汽车理论、汽车运用工程	

6. 毕业规定

本专业学生应完成教学计划规定的全部课程的学习、社会实践以及集中实践环节训练并获得相应专业领域的执(职)业资格证书。修满180学分,其中公共基础课59.5学分、专业基础课27.5学分、专业课32.5学分、限制性选修课6学分、专业任选课10.5学分、公共选修课4学分、独立设置实践40学分、另有创新与创业教育2学分,毕业设计(论文)答辩合格,准予毕业。

三、教学计划

1. 各学期教学计划总体安排表(单位:周)(表5-3)

各学期教学计划总体安排表　　　　　　　　　　　表5-3

学期	理论教学	课程设计	毕业(设计)论文	实习	考试	入学教育与军训	机动	毕业鉴定	学期小计	社会实践	寒暑假	总计
一	15				1	2	1		19	1	5	25
二	18				1		1		20		6	26
三	18				1		1		20	1	5	26
四	15			3	1		1		20		6	26
五	16			2	1		1		20	1	5	26
六	16	2			1		1		20		6	26
七	7			11	1		1		20	1	5	26
八	0		12	4				1	17			17
总计	105	2	12	20	7	2	7	1	156	4	38	198

2. 课程教学计划进程(表5-4)

教学计划进程表　　　　　　　　　　　　　　　　　　　表5-4

课程类别	序号	课程编号	课程名称	学分	教学时数				学期周数分配							
					总学时数	讲课时数	实验实践学时	上机学时	第一学期	第二学期	第三学期	第四学期	第五学期	第六学期	第七学期	第八学期
									15	18	18	15	16	16	7	0
公共基础课(必修)	01	030105	马克思主义基本原理概论	3	48	40	8			3						
	02	030106	毛泽东思想和中国特色社会主义理论体系概论	4	64	56	8					4				
	03	030107	中国近现代史纲要	2	32	32				2						
	04	030108	思想道德修养与法律基础	2.5	40	32	8		3							
	05	030203	形势政策	2					每学期16学时,周三下午开课							
	06	190201	军事理论	2	32	26	6		第一学期军训期间及晚上开课							
	07	020101	体育	4	128	112	16		2	2	2	2				
	08	120101	大学英语	12	192	192			5	5	5					
	09	010101	高等数学	10	160	160			6	6						
	10	010102	线性代数	2.5	40	40						3				
	11	010103	概率论与数理统计	2	32	32							2			
	12	010108	运筹学	2.5	40	40									3	
	13	010201	大学物理	4	64	64				2	2					
	14	010202	大学物理实验	3	48		48		第二、三学期各24学时							
	15	080102	计算机技术基础(C)	3	48	24		24		4						
公共基础课总学分、学时				59.5	984	866	94	24								
学科基础课(必修)	01	060801	机械制图	5	80	50	30		3	3						
	02	010301	理论力学	4	64	64						4				
	03	010302	材料力学	4	64	58	6						5			
	04	080302	电工与电子技术	5	80	62	18				3	3				
	05	060105	金属工艺学(金属材料机加工)	2	32	32				2						
	06	060106	互换性原理与技术测量	1.5	24	24							2			
	07	060103	机械设计基础	4	64	60	4						4			
	08	060306	液压传动	2	32	30	2						2			
学科基础课总学分、学时				27.5	440	380	60									

续上表

课程类别	序号	课程编号	课程名称	学分	教学时数			学期周数分配								
					总学时数	讲课时数	实验实践学时	上机学时	第一学期	第二学期	第三学期	第四学期	第五学期	第六学期	第七学期	第八学期
									15	18	18	15	16	16	7	0
专业必修课	01	040223	汽车服务工程专业导论	1	16	16			2							
	02	040102	汽车构造	5.5	88	62	26				3	3				
	03	040301	发动机原理	2.5	40	36	4					3				
	04	040302	汽车理论	3.5	56	52	4						4			
	05	040406	汽车营销学	2	32	28	4							2		
	06	040304	汽车运用工程	3	48	40	8						4			
	07	040201	汽车电气设备★	3	48	38	10						4			
	08	040410	汽车保险与理赔	3	48	40	8								3		
	09	040435	二手车鉴定与评估	2	32	28	4								2		
	10	040107	专业英语	2	32	32								2		
	11	040207	新能源汽车★	2	32	32									2		
	12	040307	汽车诊断与检测技术	3	48	40	8								3		
专业必修课总学分、学时				32.5	520	444	76									
汽车营销限选课	01	040409	市场调查与预测	2	32	26	6								2		
	02	040420	汽车消费心理学	2	32	32								2			
	03	040408	汽车市场学	2	32	32									2		
汽车保险与理赔限选课	01	040482	汽车碰撞估损	2	32	32									2		
	02	040412	保险经营与管理	2	32	32								2			
	03	040229	汽车事故鉴定学	2	32	32									2		
汽车评估限选课	01	040482	汽车碰撞估损	2	32	32									2		
	02	090113	资产评估	2	32	32								2			
	03	040483	汽车钣金修复与喷涂	2	32	26	6								2		
汽车技术服务限选课	01	040305	汽车维修工程	2	32	26	6								2		
	02	040483	汽车钣金修复与喷涂	2	32	26	6								2		
	03	040204	汽车单片机	2	32	32									2		
专业方向限选课总学分、学时				6	96	78	18									

续上表

课程类别	序号	课程编号	课程名称	学分	教学时数		实验实践学时	上机学时	学期周数分配							
					总学时数	讲课时数			第一学期	第二学期	第三学期	第四学期	第五学期	第六学期	第七学期	第八学期
									15	18	18	15	16	16	7	0
专业任选课	01	040486	汽车服务系统规划	1.5	24	24									4	
	02	040477	汽车保险法规	1.5	24	24									4	
	03	040203	汽车电控技术	1.5	24	24								2		
	04	050104	物流学	1.5	24	24								2		
	05	040467	商务礼仪与公共关系	1.5	24	24									4	
	06	040453	汽车CAD	1.5	24	24		(10)						2		
	07	040110	汽车安全工程	1.5	24	24									4	
	08	040436	市场决策与定价	1.5	24	24								2		
	09	040318	汽车节能与排放	1.5	24	24									4	
	10	040229	汽车事故鉴定学	1.5	24	24									4	
	11	040487	汽车服务企业管理	1.5	24	24									4	
	12	040474	汽车配件技术管理	1.5	24	24								2		
	13	090207	国际金融	1.5	24	24								2		
	14	040108	科技写作	1.5	24	24									4	
	15	040417	财产保险	1.5	24	24								2		
	16	040488	汽车再生工程	1.5	24	24								2		
	17	040407	推销技术与谈判技巧	1.5	24	24									4	
	18	010111	复变函数与积分变换	1.5	24	24								2		
	19	040484	人身伤害理赔	1.5	24	24									4	
	20	040485	汽车贸易	1.5	24	24								2		
专业任选课最低学分、学时				10.5	168	168			第六学期最低选修7.5学分								
公共选修课最低学分				4													
小计				135	2128	1864	246										

注:(1)双语课课程名后加"★";(2)公共选修课由学校统一安排。

3. 集中实践教学环节(表5-5)

集中实践教学环节表　　　　　　　　　　　　　　　　　表5-5

序号	项 目 名 称(中英文对照)	学期	周 数	学 分
1	入学教育及军训 Orientation and military training	1	2	2
2	金工实习(钳工1周,机、热2周) Metalworking Practice (fitter 1W, machining and thermal processing 2W)	4	3	3
3	汽车驾驶实习 Automobile driving practice	5	2	2
4	机械设计基础课程设计 Curriculum project of mechanical design	6	2	2
5	专业综合技能训练 Professional skill training	7	7	7
6	专业生产实习 Professional production practice	7	4	4
7	毕业实习 Graduation practice	8	4	4
8	毕业设计 Graduation design	8	12	12
合计			36	36

4. 课外教育与社会实践安排(表5-6)

课外教育与社会实践安排表　　　　　　　　　　　　　　表5-6

序号	项 目 名 称	主要内容和形式	时 间 安 排
1	文体活动	诗歌比赛、主持人大赛、运动项目比赛等	课余
2	学术与科技活动	学术讲座、各类科技竞赛、参与教师科研项目	课余
3	开放性实验	开放性实验项目	课余
4	公益活动	公益劳动、志愿者等	寒暑假
5	社区服务	安全知识宣传等	寒暑假

5. 创新与创业教育环节(表5-7)

创新与创业教育环节安排表　　　　　　　　　　　　　　表5-7

序号	课程名称	学分	各学期学时分配(学时/周)							
			一	二	三	四	五	六	七	八
1	创新实践	2								
2	创业教育									
	小计	2								

6. 各课程模块学时学分结构表(表5-8)

各课程模块学时学分结构表　　　　　　　　　　　　表5-8

课程类别			学时数				学分
			讲课	实践	其他	合计	
课内教学	必修	公共基础课	866	118		984	59.5
		学科基础课	380	60		440	27.5
		专业必修课	444	76		520	32.5
	选修	专业方向限选课	78	18		96	6
		专业任选课	168			168	10.5
		公共选修课					4
	小计		1936	A = 272		2208	140
集中实践教学环节			共36周				B = 36
创新与创业教育环节			32				2
总学分							178

实践教学学分占总学分百分比 = [(A/16 + B + 2)/总学分] × 100% = 31%

第六章　大学生活与未来发展

对刚跨入大学门槛的新生而言,生活环境和学习环境都发生了重大变化:由父母的精心呵护转换到独立性较强的集体生活;由老师的严格督促学习转变为自主性学习;由熟悉单纯的学习环境转换到大学这个小社会中。诸如此类变化,许多大学生一时难以适应,不知如何学习、如何处理人际关系,心理紧张彷徨,严重影响学业。有的同学感到,高中时学习、练习完全依靠老师安排辅导,但是上大学后发现学习要自己安排,整天不知该做什么好,课听不懂,渐渐没了兴趣,结果成绩一塌糊涂。还有的同学说,我在学习上算是比较努力的,不是整天玩,可是总觉得学习效率非常低,学习成绩提高不了,也非常苦闷。由此可见,学习方法不当会阻碍才能的发挥,越学越死,给学习者带来学习的低效率和烦恼。

第一节　大学中的教与学

一、大学的教学方法

1. 大学教学形式的基本特点

高等教育的基本特点是:研究高深学问、培养高级专门人才,简称为"一高、二专"。从这一观点出发,便派生出大学教学形式的两个基本特点:

1)专业针对性

尽管高等教育在人才培养方向上有所谓"专才"与"通才"之争,但总体上还是培养符合社会需要的按学科、专业分类的各种专门人才,也可以把"通才"看作是一个类型的专门人才。专业针对性就要求在教学组织中充分体现理论与实际紧密联系的原则,充分反映社会上各专业、行业、学科发展的现实与对人才培养方面的需求。教学过程需要社会有关方面的参与、配合,因而产生了产学研合作的多种教学组织形式。

2)研究探索性

大学不仅有文化传承的任务,而且负有整合创新和探索创造新科技、新文化的使命。因此,大学教学工作要在研究的气氛下进行,高等教学的"研究高深学问"这一基本特点必然使得其教学形式具有研究探索性。比如,在教学中安排有 Seminar(研讨班)、课程论文、毕业论文、课程设计、毕业设计、设计性试验乃至进行专题科学研究等教学环节。

此外,由于教学对象特点等因素,大学教学形式还有以下两个特点:

1)学生学习的独立自主性

由于大学生身心发展已趋于成熟,经过大学教育将成为步入社会的独立工作者。因此,大学生学习的独立自主性逐步增强。学生自学的成分随年级的升高而递增。学生自主学习能力的增强使他们能根据自己的实际情况自己管理自己,自主选择自己的发展方向,独立地收集信息、研究各种文献资料。教学方式也由过去的以"知识传授"为主转向以"学会学习"、"自主学习"为主。学生从学习中获得的已不仅是事实与原理,而是精神状态与思想方法。

2)教学形式与教学方法的融合性

在高等教育阶段,教学形式与教学方法是融合在一起的,有某种教学形式也就有其相应的教学方法。这是大学教育形式特殊性的一个表现。

2. 大学的主要教学方式

教学方式方法取决于教学任务和内容,为完成教学任务和内容服务。我国高等教育的主要教学方式有:

1)课堂教学

(1)课堂讲授。课堂讲授是以教师在课堂上讲授作为传授知识、技能和方法的教学方式。课堂讲授是按照各门课程的教学大纲规定的内容和体系,有固定的时间表,面向编成固定人数的班级集体,通过教师在课堂内讲授,使学生系统地、集中地学习科学文化知识。同时,通过教师讲授时的思想、感情、方法和态度等对学生进行教育的教学方式。

(2)课堂讨论。课堂讨论是按照预先拟好的问题,在课堂上讨论,进行师生互动和交流的教学方式。课堂讨论以学生自学和思考问题为讨论的基础,在问题的情景中进行积极的思维活动,通过讨论的形式加深对问题的理解,促进学生自主学习,锻炼学生分析问题和口头表达观点的能力,培养学生的发散思维。教师可以通过讨论检查学生的学习效果和智能发展水平。学生可以系统发言或自由发言。

(3)习题课。习题课是由教师或学生在课堂上进行习题演算,达到教学目的的教学方式。

(4)辅导课。辅导课是以学生自学为主,教师帮助学生理解教学内容,质疑或答疑的教学方式。

2)多媒体教学

(1)录像。录像是通过播放事先准备好的录像教材,用于传输动态图像或事物变化过程的教学方式。

(2)录音。录音是通过播放事先准备好的录音教材,用于语言教学的教学方式。

(3)计算机辅助教学。计算机辅助教学是在教学过程中,利用计算机或多媒体展现教学体系、内容和图示,观察事物、现象、物体图形,练习解题,辅助作图,辅助设计作业,人机对话等多媒体的教学方式,目前大学多媒体教学占主导方式。

3)实验教学

实验教学是通过在实验室中观察事物、现象的变化规律,获取知识或验证知识,教授实际作业的方法,训练基本技能的教学方式。通过实验操作使学生弄懂原理,掌握实验技术,学会把知识转变成验证理论和实验方法、解决实际问题的手段。学生根据教学要求制订实验方案,准备实验条件(此项内容也可以由实验员完成),进行实验,观察实验现象,进行实验分析、处理实验数据,得出实验结论,撰写实验报告。

4)设计教学

通过设计教学使学生面对模拟或实际的社会需求,运用所学的科技知识提高自身的技术设想,并转化为可以实施的方案、图示和说明,在较大程度上培养学生的自学、解决问题、

组织和创新能力。设计教学一般采用多方案、可扩展的题目,以便发挥学生的创造性。学生要在考虑各种约束条件的基础上,学会综合运用所学知识解决实际问题,在设计中学会检索资料、运算、绘图和科技写作等,讲求运用好的设计方法、规范化的设计程序和正确的设计结果表达形式,写出符合工程设计要求的设计说明书、计算书和设计图样。

(1)课程设计。课程设计是针对某一课题,综合运用本课程的理论和方法,制订出解决该课题问题的方法、图示和说明的教学方式。如"机械设计基础"课程中的"机械设计基础课程设计",其主要目的是为学生在完成课堂教学基本内容后提供一个较完整的从事机械设计初步实践的训练。

(2)毕业设计。毕业设计是针对与车辆相关的某一实际工程或研究项目,综合运用汽车服务工程专业已学的理论知识和技术手段,制订出可以实施的方案、图示和说明,作为检查和总结学生在校期间学习成果的教学方式。

5)现场教学

现场教学是组织学生到车辆设计、制造、试验及售后服务等相关的生产车间,通过观察、调查进行教学的教学方式。

6)实习

(1)教学实习。教学实习是指通过学生自己实际操作练习,完成所属课程规定的教学要求,如金工实习、电工电子实习、驾驶实习、车辆构造实习和车辆制造工艺实习等。

(2)认识实习。认识实习是指到汽车4S店、汽车维修厂、汽车检测站等现场,了解汽车服务工程主要内容。

(3)生产实习。生产实习是指学生以实际工作者的身份,在现场工程师和教师的共同指导下直接参与生产过程,完成一定的生产任务,通过实际工作学习知识、技能和培养能力,使所学专业知识与生产实际结合起来的教学方式。生产实习要贯彻理论联系实际的原则,使学生学到实际的生产技术和管理知识,检验学生掌握专业知识和技能的实际水平,培养社会服务的专业思想,以及劳动纪律和职业道德。

(4)毕业实习。毕业实习是指学生到生产现场或技术中心收集各种资料和数据,为毕业设计做准备。

7)社会实践活动

(1)公益劳动。参加校内或校外具有公益性的劳动,如改善校内环境、参加社区服务等,以树立劳动观念。

(2)军事训练。实施军事教育和训练,以增强国防观念,加强组织纪律。

(3)社会实践。参加各类社会活动,进行调查研究,写出调查报告,培养分析社会现象的能力。

8)自学

以学生自己学习为主,教师不进行课堂讲授,事先提出教学要求或提出具体要学生通过学习解决的问题,列出教材和参考书,布置作业,进行答疑,学生根据规定的教材和教师的具体要求进行自学和练习,通过规定的考查或考试后获得承认或取得学分。

9)考核

(1)考试。考试是指通过口试、开卷笔试、闭卷笔试、操作考试等形式对教学效果进行考核,包括章节考试、期中考试、期末考试等。

（2）考查。考查包括日常考查和总结性考查,方法有写书面作业、书面表达、口头提问、书面测试、检查实践性作业等。

3. 大学的主要教学环节

普通高等学校人才培养目标确定以后,通常要根据培养目标的要求制订培养方案,而培养方案的实现,还要通过一定的教学环节来完成。

普通高等学校主要的教学环节有入学教育、军训、课堂教学、课程实验、课程设计、生产实习、社会实践活动、毕业实习和毕业设计等。

1）入学教育

学生入学后,一般要进行1周的入学教育活动,主要包括对学生进行有关学校管理规章制度的教育、学校生活和学习环境的介绍、学生学习态度的教育、世界观的教育、学习目标和学习方法的指导及专业的介绍等内容。

2）军训

入学教育结束后,紧接着要进行1~2周的军训活动。对新入学的大学生实行军事教育和军事训练,以增强国防意识,加强组织纪律观念。由解放军武警战士负责教育、操练和相关科目的训练。

3）公共课

普通高等学校工程类专业的公共课（也称为通识教育课）主要包括马克思主义基本原理、概论、中国近现代史纲要、思想道德修养与法律基础、体育、英语、大学计算机基础及计算机程序设计基础等。

4）基础课

基础课是指研究自然界和社会的形态、结构、性质及运动规律的课程。其中包括没有应用背景、各专业都使用的基础知识课程,是学生学习知识、进行思维和基本技能训练、培养能力的基础,也是学生提高基本素质以及为学好专业技术课程奠定良好的基础的课程;还包括有专业背景、与专业相关并与某些技术科学学科有关的知识组成的课程,它是利用自然和改造自然为人类服务的知识,虽与专业内涵相关,但是,并不涉及具体的工程或产品,因而是覆盖面较宽,有一定理论深度和知识广度,具有与工程科学密切关系的方法论的课程,它是为培养专门人才奠定基础的课程。

5）专业课

专业课是指有具体应用背景的,与本专业有关的工程、产品类课程,或与本专业的工程技术、技能直接相关的课程,包括发动机构造、车辆构造、车辆理论、车辆试验学、车辆电气和车辆设计等课程。

6）实验课与设计课

实验课与设计课是配合工程师基本训练,为培养相应的技能和能力的课程。其教学目标是使学生获得将所学知识用于解决科学技术和工程实际中较为简单问题的能力。

7）生产实习和毕业实习

生产实习和毕业实习是工程师基本训练的重要组成部分,用以培养学生理论联系实际、综合运用所学知识解决工程实际中较为复杂问题的能力,使学生与社会、工程之间的关系更为密切。

毕业实习是有针对性地将学生与毕业后的就业联系起来的生产实习过程,在实习中学习就业岗位所要求的基本知识、基本技能和专业规范,培养适应就业岗位所要求的工程能力和工程素质,为今后的工作奠定基础。另一方面,针对毕业设计(论文)的题目和内容,调查并收集资料,研究和发现问题,思考如何运用所学知识来解决这些问题,在实习的基础上,进行总结和分析研究,为毕业设计(论文)奠定基础。

8) 课外教育活动

课外教育活动是我国普通高等学校教育和教学不可缺少的部分,是学生课余所参加的有教育意义的活动。课外活动又可以分为校内活动和校外活动,二者的区别在于组织指导的不同。

二、大学的学习方法

高等教育有其自身的特点,那么大学生怎样才能尽快适应大学学习生活,早日完成由中学到大学的过渡呢?我们提倡进入大学首先应从"学会学习、学会生活、学会合作、学会思考"这四个方面入手。

1. 学会学习

人的一生是离不开学习的,人们往往说"活到老,学到老",特别对于社会竞争异常激烈的今天,"生命不息,学习不止"是至理名言。学习是一个人终生获得知识,取得经验,转化为行为的重要途径。它可以充实生活,发展身心,促使个人得到全面的发展和提高。要学好,就得讲究科学的学习方法。所谓学习方法,就是人们在学习过程中所采用的手段和途径,它包括获得知识的方法、学习技能的方法、发展智力与培养能力的方法。科学的学习方法将使学习者的才能得到充分的发挥,并能给学习者带来高效率和乐趣,正确的方法是成功的捷径。那么,究竟怎样学习才是科学的学习方法,应该从以下几个方面考虑。

1) 尽快确立新的学习目标

大学是一个文化与精神凝聚的场所,大学生正处于富于理想、憧憬未来的青春年华,应当树立对社会有益、对个人发展有益的奋斗目标。目标是激发人的积极性、产生自觉行为的动力。人生一旦没有目标,就会意志消沉、浑浑噩噩。中学阶段大家的目标明确一致,都是想升入理想的大学。一旦进入了大学,这个目标已经实现,有些人觉得大功告成,可以松口气。没有了目标,会使学习生活缺乏动力。因而,有些学生生活松散疲沓、空虚乏味,很快学会了混日子。大学新生中这种现象的出现,主要是由于没有及时树立新的学习目标所致。因此,大学新生需要尽快熟悉大学生活,树立新的奋斗目标。比如,根据自身的兴趣、特长、条件,制订出适合自己的大学学习目标计划。目标有近期目标和远期目标,并没有高低之分,不需要因为自己的目标没有别人远大而不好意思,达到自己的目标就是成功。

2) 尽快适应大学学习模式

入学学习内容广博,资料浩瀚。教师在有限的课时内不可能一句一句地讲解所有的内容,只能是提纲挈领,讲解基本理论、典型案例和研究方向。因此,大学学习中大量的学习内容需要自己查阅资料、自主学习,这需要有很强的主动性和独立学习能力。新生进入大学后碰到的一个普遍问题就是学习方法的不适应,很多同学习惯了中学老师逐字逐句反复讲解、练习、督促的被动接受知识的学习方式,对于需要自己自主决定怎么学、学什么时,就感到无所适从。大学新生可以通过向高年级同学取经、向老师求教等各种方法,尽快了解大学的学习特点和规律,并根据大学学习特点迅速摸索出一套适合自己的学习方法。

3) 重视实践能力的培养

世间万物简单中孕育着复杂,复杂中透析出简单,两者之间没有不可逾越的鸿沟。一些看似抽象深奥的理论,一经实验演示便豁然开朗;一切技术方案都必须经过实践的检验。因此,工科学生实践能力的培养是非常重要的。汽车服务工程专业在大学中非常注重实践能力的培养,除了课程实验外,还有金工实习(钳工1周,机、热2周)、汽车驾驶实习、机械设计基础课程设计、专业综合技能训练、专业生产实习、毕业实习、毕业设计等。参加各种竞赛是最能锻炼和提高动手能力的手段之一。

目前汽车服务工程专业大学生的科技竞赛有很多,有高教系统举办的竞赛,如全国大学生电子设计竞赛、全国数学建模竞赛、中国机器人大赛、全国大学生创业计划大赛、全国大学生课外学术科技作品竞赛、全国大学生软件设计大赛等;还有以企业名义举办的各种比赛等。

通过各种科技竞赛,不仅可以得到工程实践能力的训练,提高针对实际问题进行设计制作的综合能力,还可以在团结、合作、协调、创新等各方面得到锻炼,对提高个人素质有很大好处。

4) 学会合理安排时间

古人云:"凡事预则立,不预则废。"这就是说不管做什么,先有了统筹规划,那么定会取得成功,否则就可能导致失败。大学的自学时间较多,看似很自由,如果不能自觉、自律、主动有效地管理时间,学习就容易被遗忘。优秀的学生能有重点地进行系统学习,明确自己每天要做什么事情。但常常看到有些学生糊里糊涂过日子,摸摸这个,又碰碰那个,或者干脆将学习任务堆积起来,一直拖到期末考试即将来临,不得不突击学习应付考试,成绩可想而知。

一个好的时间表可对学习做整体统筹,从而节约时间和精力,提高学习效率。同时,它可将日常学习细节变成习惯,使学习变得更为主动积极。这就需要合理制订计划,科学安排时间。良好的习惯是个人竞争力的一种体现,有效的时间安排也是获得成功的重要手段。

2. 学会生活

大学阶段是大学生职业生涯发展中最重要的准备阶段。在这个阶段里,你为今后的职业生涯准备得如何,将直接影响到你的就业竞争力和未来的职业发展力。大学新生离开了昔日的中学好友、师长及家乡亲人,来到新的集体中生活,面对陌生的校园、陌生的面孔,可能会感到寂寞和孤独,有的同学缺乏独立生活或集体生活的能力,既不善于接近他人,也不善于让别人了解自己,很难融入新的集体之中。大学新生要摆脱这种烦恼,首先要树立自信,大胆热情地与他人进行交往;其次要主动参加集体活动,热情帮助他人,扩大自己的交往范围,从而结识新同学。

学校各社团组织的课余活动,能丰富生活、陶冶情操,同时也能提高自身的素质与修养。参加校外各种实践活动可以更多地接触社会,了解社会发展趋势,关注社会、关注民生是当代大学生的责任。积极参加各类活动,可以结交更多的朋友,拓展人际关系,提高自己的综合能力和基础素质。大学生的基础素质包括品格、文化、体质和能力四个方面。

1）品格方面

大学生作为中华民族的一个群体，要有强烈的爱国主义和拼搏精神；要树立正确的人生观、价值观；要树立民主精神、科学态度、竞争观念和法律意识等现代思想观念。这是大学生活和以后工作的基本原则，没有正确的人生观、价值观，做事情也会没有主见，容易迷失方向。

2）文化方面

文化是人类不可缺少的精神食粮，是作为社会人必须具备的基础素质，大学生作为一个文化人，其文化素质尤为重要。中国是有着悠久历史、灿烂文化的文明古国，不能因为自己是学工科的，就对社会、历史、文学等一无所知。大学生应努力做到博览群书，提高自己科学、文化、自然、历史、地理等方面的基本素养。

3）体质方面

身体健康是人生存和发展的基本要素，没有健康的体魄，事业发展无从谈起。大学生在学习之余，应积极参加体育锻炼，应掌握科学的健身方法和学习方法，养成良好的生活习惯和行为习惯，拥有健康的体魄和发达灵活的大脑。

4）能力方面

这里能力泛指一般人所具有的最基本的生存和生活能力，即自我生活能力、一般社交能力、从事简单劳动的能力、吸收选择与生活有关信息的能力，以及应对一般性挑战的能力。要有积极的态度，对自己的一切负责，勇敢面对人生，不要把困难的事情一味搁置起来。例如，有些同学觉得自己需要参加社团磨练人际关系，但是因为害羞就不积极报名，把想法搁置起来，会永远没有结果。我们必须认识到，不去解决也是一种解决，不做决定也是一个决定，这种消极、胆怯的作风将使你面前的机会丧失殆尽。要做好充分的准备，事事用心，事事尽力，更要把握机遇，创造机遇。

3. 学会合作

所谓合作能力，指在工作、事业中所需要的协调、协作能力。在现代科学发展条件下，越来越多的科研难题都是科学工作者合作研究攻克的，群体合作已成为现代社会活动的主要方式。俗话说："一个篱笆三个桩，一个好汉三个帮。"这足见合作的重要性。现代组织的基本单位都是团队，众多的成就都是依靠集体取得的。因此，团结协作十分重要。

古人云："独学而无友，则孤陋而寡闻。"此语出自《礼记·学记》，学习中因有了朋友才不会闭门造车，才不会使自己成为井底之蛙。在知识激增、更新速度不断加快的信息社会，必须培养互相学习、紧密合作的能力，在团队协作中更好地促进自身成长成才。大学有很多教师带头的学术研究团队，有各种学生兴趣小组和社团，要根据自己的兴趣和能力积极参加到团队中，团队合作能使我们获得学习成长的机会，扩大自己的能量，提高生活品质，收获更多的成功。

4. 学会思考

大学生需要更多阅读和思考，求理解，重运用，不去死记硬背。一个记忆力强的人，最多只能称之为"活字典"，不能成为"大家"。古人云："读书须知出入法。始当求所以入，终当求所以出。"这是对读书人的告诫，这一入一出就是思考理解的过程，在这一入一出的反复之间实现学习的目的。大学生要学会运用抽象思维,因为任何概念是抽象的也是具体的。掌握概念不仅是从个别到一般的过程,而且也包括一般再回到个别的过程。只有经过这样的反复才能真正掌握知识。

我们提倡主动学习,勤于思考,敢于质疑。看教材或参考书时,要紧紧围绕概念、公式、法则、定理,思考它们是怎么形成与推导出来的,能应用到哪些方面,它们需要什么条件,有无其他的证明方法,它与哪些知识有联系,通过追根溯源可以使我们增强分析问题和解决问题的能力。正是问题才激励我们去学习,去实验,去观察,从而获得知识。知识是有体系的,在学习中应当把各种知识点作为相互联系的整体来对待,通过理解,将学习的各种知识点组织起来、联系起来,形成体系。这样,不仅便于记忆,便于应用,而且通过知识点的组合,知识的信息量会激增,认识会进一步加深。

探索创新精神是人才应该具备的最宝贵的精神,独立性和主动性是优秀大学生所应该具备的品质。我们鼓励大学生多看资料文献,广泛获取信息,开拓思路,勤于思考,从研究、试验、比较中获得正确的结论。将科学的世界观、科学的思维方法和学习方法联系起来,动态地、辩证地、全面地看问题才是寻求正确答案的有效方法。我们希望同学们在学习中既要有排除万难、不达目标誓不罢休的勇气,又要有灵活驾驭、事半功倍的技巧。我们可以用控制论的观点,有意识地根据自己的行动效果与预期目标的比较,获取反馈信息及时调整自己的学习思路与方法,学会自我调节就能使自己保持最佳的学习状态。

第二节 汽车服务工程专业就业与考研

每位学生在选择专业之际都会考虑毕业后会做什么样的工作,自己应朝什么方向发展,如果在大学期间不做积极、充分的准备,缺乏自主选择的积极性和能力,就等于放弃了自己把握命运的权利,只能被动地接受任何可能产生的结果,被动地等待和接受社会对个人的选择。而那些对大学生涯有正确认识和合理规划的大学毕业生,则能够更加顺利地走向社会,取得更大的成功。

大学生应从入学一年级就开始做专业规划。所谓专业规划,指的是在对自己所学专业有较清晰认识的基础上,对自己未来的就业或考研方向有一个定位,以及在求学过程中应采取怎样的方法去接近自己规划的目标。在这方面,有很多未雨绸缪的做法。如学习期间到相关行业参观实习、考取相关的职业证书、提前参加行业招聘会、听取业内知名人士的经验、向已经工作的师兄师姐取经等都可以为自己的专业规划提供参考。如果没有适合自己的专业规划,没有系统的、充分的准备,无论对今后的就业还是对考研都是不利的。

一、就业

随着市场经济的发展,社会为大学生提供了广阔的就业天地,同时也伴随着激烈的竞争与挑战。因此,大学生应该充分做好就业的准备工作,主动适应社会的需要。中国有句成语叫"未雨绸缪",意思是事先准备好,防患于未然。怎样做好就业的准备工作,是每个学生必须认真思考的问题。对大学生这样一个特殊层次的人来说,为就业需要准备的内容主要是以下几个方面:

1. 确定合理的就业目标

当今大学生设定合理的就业目标应主要从两个方面考虑。

1）专业对口

对于一个特定专业的大学生,最大的可能是从事与所学专业相关的职业。因此大学生应把能充分运用自己所学专业知识的职业作为自己就业的主要目标,这既符合学校教育的培养目标,又能充分运用自己的专业知识,发挥专业特长。

2）专业扩展

社会职业结构在不断变化,对人才的需求结构也随之变化,就业形势就会相应发生变化。这就要求大学生在学好本专业知识的同时,根据社会的就业热点和自己的兴趣、特点,自学相关学科的理论知识,丰富自己的知识储备,扩展适合自己能力的其他就业目标。

2. 知识、能力和技能准备

世界上所有职业最终可以归结为两类:技术型和管理型。技术型岗位要求有扎实的技术理论基础和技术能力,而管理型岗位要求有广泛的知识面和管理能力。不论什么岗位,一切职业都要求从业者具有相应的知识、能力和技能。

1）知识

知识是人类的认识成果,来自社会实践。其初级形态是经验知识,高级形态是系统科学理论,知识的总体在社会实践的世代延续中不断积累和发展。这就要求大学生努力学好专业知识,并努力扩大自己的知识面。

2）能力

能力是顺利完成某种活动所必需的主观条件,是直接影响活动效率的个性心理特征。能力一般指自学能力、表达能力、环境适应能力、创造能力、自我教育能力、管理能力和动手能力等。为了提高自己各方面的能力,要多参加有益的校园文体活动、社会实践活动,在活动中不断提高能力。在校期间获得的各种证书、奖励和发表的作品等都会为求职择业增添亮点,为就业奠定坚实的基础。

3）技能

技能是掌握和运用专门技术的能力,只有通过动手练习才能掌握其中的技巧。在大学期间要重视实验、实习和实践训练环节,积极参加各种技能测试、技能比赛。在校期间要尽早参加国家英语四、六级考试和计算机二、三级考试;要积极参加各种学科竞赛,如果能设计出作品或者发表论文对以后择业都是非常有帮助的。

3. 树立良好的就业意识,做好参加"双向选择"的准备

树立良好的就业意识,是就业准备的重要内容,它将对择业和就业产生十分重要的影响。那么,当今大学生应该树立什么样的就业意识呢?除了应该树立专业的就业意识外,大学生还应该树立广泛就业的意识,到艰苦行业、边远地区就业的意识,先就业后调整的就业意识,自主创业的就业意识等。在市场经济条件下,大学生就业主要在人才市场进行"双向选择"。这就要求大学生了解社会中各种职业的性质和价值,学习在市场竞争中求职择业的技能和技巧,做好进入人才市场,参加"双向选择"的准备。

什么样的大学生用人单位最欢迎呢?北京高校毕业生就业指导中心曾对150多家国有大中型企事业单位、民营及高新技术企业、三资企业的人力资源部门和部分高校进行调查,

调查问卷显示,8类求职大学生更容易得到用人单位的青睐。

1) 在最短时间内认同企业文化

企业文化是企业生存和发展的精神支柱,员工只有认同企业文化,才能与公司共同成长。壳牌公司人力资源部的负责人介绍说:"我们公司在招聘时,会重点考查大学生求职心态与职业定位是否与公司需求相吻合,个人的自我认识与发展空间是否与公司的企业文化与发展趋势相吻合。"

北京高校毕业生就业指导中心有关专家提示:大学生求职前,要着重对所选择企业的企业文化有一些了解,并看自己是否认同该企业文化。如果想加入这个企业,就要使自己的价值观与企业倡导的价值观相吻合,以便进入企业后,自觉地把自己融入这个团队中,以企业文化来约束自己的行为,为企业尽职尽责。

2) 对企业忠诚,有团队归属感

员工对企业忠诚,表现在员工对公司事业兴旺和成功的兴趣方面,不管老板在不在场,都要认认真真地工作,踏踏实实地做事。有归属感的员工,他对企业的忠诚,使他成为一个值得信赖的人,一个老板乐于雇用的人,一个可能成为老板得力助手的人,一个最能实现自己理想的人。

有关专家提示:企业在招聘员工时,除了要考查其能力水平外,个人品行是最重要的评估方面。没有品行的人不能用,也不值得培养。品行中最重要的一方面是对企业的忠诚度。那种既有能力又忠诚企业的人,才是每个企业需要的最理想的人才。

3) 不苛求名校出身,只要综合素质好

许多公司的人力资源人士说:"我们公司不苛求名校和专业对口,即使是比较冷僻的专业,只要学生综合素质好,学习能力和适应能力强,遇到问题能及时看到问题的症结所在,并能及时调动自己的能力和所学的知识,迅速释放出自己的潜能,制订出可操作的方案,同样会受到欢迎。"

4) 有敬业精神和职业素质

新来的大学生在工作中遇到问题或困难,不及时与同事沟通交流,等到领导过问时才汇报,耽误工作的进展。甚至有一个年轻人,早晨上班迟到的理由居然是昨晚看电视节目看得太晚了,这些都是没有敬业精神和职业素质差的表现。企业希望学校对学生加强社会生存观、价值观的教育,加强对学生职业素质、情商、适应能力和心理素质的培养。有了敬业精神,其他素质就相对容易培养了。

5) 有专业技术能力

北京某科技股份公司人力资源部经理介绍说:"专业技能是我们对员工最基本的素质要求,IT行业招人时更是注重应聘者的技术能力。在招聘时应聘者如果是同等能力,也许会优先录取研究生。但是,进入公司后学历高低就不是主要的衡量标准了,会更看重实际操作技术,谁能做出来,谁就是有本事,谁就拿高工资。"

6) 沟通能力强、有亲和力

企业特别需要性格开朗、善于交流、有一个好人缘的员工。这样的人有一种亲和力,能够吸引同事跟他合作,同心同德完成组织的使命和任务。

7) 有团队精神和协作能力

上海汽车工业(集团)总公司的人力资源人士认为:从人才成长的角度看,一个人是属于团队的,要有团队协作精神和协作能力,只有在良好的社会关系氛围中,个人的成长才会更加顺利。

8) 带着激情去工作

热情是一种强劲的激动情绪,一种对人、对工作和信仰的强烈情感。某公司的人力资源部人士说:"我们在对外招聘时,特别注重人才的基本素质。除了要求求职者具有扎实的专业基础外,还要看他是否有工作激情。一个没有工作激情的人,我们是不会录用的。"

北京高校毕业生就业指导中心有关专家提示:一个没有工作热情的员工,不可能高质量地完成自己的工作,更别说创造业绩。只有那些对自己的愿望有真正热情的人,才有可能把自己的愿望变成美好的现实。

3. 汽车服务工程专业就业岗位

目前,随着汽车保有量的增加,市场上的汽车服务工程人才比较短缺,汽车服务工程专业的学生毕业以后可以去汽车销售公司、汽车保险公司、汽车修理企业等单位。当前我国汽车服务工程专业的就业方向可以概括为以下几点,如表6-1所示。

汽车服务工程专业就业方向 表6-1

序号	就业方向	主要工作内容
1	大中型汽车生产企业	如广州本田、东风日产、东风本田、中国重型汽车集团等,主要从事汽车研发、生产管理、售后服务和汽车销售等工作。这类企业对毕业生的综合素质要求较高,进入单位后的发展空间较大。不过这些企业一般只接收国家"211工程"高校毕业生
2	汽车改装和专用汽车生产企业	这些企业一般都是集团公司的下属分厂或分公司,如:重庆大江工业集团、北京凯特专用汽车公司等。这些工作岗位对学生的专业知识和实践动手能力要求很高,工作比较辛苦,不过对毕业生的培养和成长很有好处
3	汽车经销类企业	如各种品牌汽车的4S店等。这类工作对毕业生的交际和表达能力要求较高,待遇也很不错
4	汽车检测与维修企业	汽车维修厂、汽车检测中心等
5	交通类研究院所	主要从事智能交通、交通理论等的研究和开发工作
6	政府机关和事业单位	主要是交通部门。毕业生主要通过报考公务员、参加事业单位选调等方式获得工作,主要从事是偏技术的行政管理工作。对毕业生的综合素质要求较高,待遇很好,工作比较稳定
7	汽车运输类企业	如运输集团、物流企业等。在这类企业中,毕业生既可以从事技术类工作,也可以从事管理类工作,发展空间较广,比较自由
8	汽车服务类企业	汽车租赁、汽车广告、汽车俱乐部等
9	汽车和交通相关的报纸杂志和出版社等	主要从事与专业知识相关的编辑类工作
10	高职、中职院校教师	从事与汽车服务工程专业相关的专业课、实践、实训课的教学工作
11	汽车保险类企业	从事汽车事故现场的查勘定损、理赔工作,人才需求量非常大
12	二手汽车交易类企业	二手车鉴定评估、二手车经销、二手车经纪、拍卖、置换等

续上表

序号	就业方向	主要工作内容
13	汽车美容服务类企业	汽车美容、汽车装饰、汽车改装
14	汽车回收再生类企业	汽车报废回收、拆解、废旧汽车资源化
15	汽车技术鉴定类企业	汽车技术鉴定、交通事故技术鉴定

二、考研

为了提升自己的学术水平和就业实力,大学毕业后可以选择参加硕士研究生入学考试,以便能够在国内外高等院校、科研院所继续学习深造。当前,硕士研究生入学考试考生的学历必须符合下列条件之一:

(1)国家承认学历的应届本科毕业生。

(2)具有国家承认的大学本科毕业学历的人员。

(3)获得国家承认的大专毕业学历后经两年或两年以上,达到与大学本科毕业生同等学力,且符合招生单位根据本单位的培养目标对考生提出的具体业务要求的人员;国家承认学历的本科结业生和成人高校应届本科毕业生,按本科毕业同等学历身份报考。

(4)已获硕士学位或博士学位的人员,可以再次报考硕士生,但只能报考委托培养或自筹经费的硕士生。

1.考研准备

古人云:"凡事预则立,不顶则废。"做任何事要想一举成功,都必须有周密的筹划和准备,考研也需要尽早规划、准备。

1)制订合理的学习规划

做任何事,都需要有一个计划,这样才能保证保持良好的心态和顺利达到目标。对刚进入大学的新生来说,考研是个比较遥远的事情,所以就更需要我们有一个长远的整体规划。例如各门功课的轻重缓急、选修课程的了解选择、自学内容的安排等。尤其是数学和英语应当投入较大的精力,从大学一年级就开始抓起,打好基础尤为重要。

目前,考研的初试科目有数学、英语、政治及一门专业基础课,通过初试的考生还需参加有关专业综合科目复试。

(1)数学内容包括高等数学、线性代数、概率论与数理统计。

(2)英语内容包括阅读理解、写作、英语知识运用。

(3)政治内容包括马克思主义哲学原理、毛泽东思想概论、邓小平理论和"三个代表"重要思想。

(4)载运工具运用工程方向的初试专业课汽车市场学或汽车运用工程等,不同的院校要求可能不相同。

车辆工程等方向的初试专业课理论力学、机械原理等,不同的院校要求可能不相同。

2)掌握正确的学习方法

科学理论是有体系的,是循序渐进、环环相扣的。如何才能学好各门课程呢?以下是一些经验可供借鉴。

(1)理论课。要想学好专业课,必须有扎实的理论基础。所谓理论,就是概念、判断和推

理三要素之间的结合。所谓理论课,是指具有严格的理论体系、需要定量描述和抽象性思维的一类课程,如数学、物理、控制理论等。要想学好理论课,应当注意以下几点。

①多阅读参考书籍,深刻理解基本概念。概念是理论大厦的基础。没有理解概念要想学好理论是不可能的。理论简单地说,就是"从概念到概念、从理论到理论"的思维推理,类似于纸上谈兵,不直接联系现实状况,但却是实际问题的抽象概括。不同的书籍对某一理论的叙述方式、印证方式有所不同,通过阅读不同的参考书籍,能够对这一理论有全面、深入的认识。

②多做练习、积极讨论是理解理论的有效途径。理论课一般习题作业较多,解答习题的过程就是理解思考理论的过程。除了大量做习题之外,同学间相互讨论也是深入理解理论概念的有效方法。在这方面,藏传佛教培养学僧的制度传承下来的"辩经",便是世间独一无二的讨论方法。为了加强对佛经的真正理解,喇嘛们集中在一起,采用一问一答、一问几答或几问一答的方式交流所学心得和所悟佛法,被认为是学习佛经的一个必需环节。

③归纳总结、提纲挈领。对于大量的理论知识,只要梳理归类找出它们之间的关系,就会脉络清晰、了然于胸。即所谓提纲挈领,纲举目张。

(2)实验课。实验是用来检验或者验证某种假说、假设、原理、理论而进行的明确、具体、有方法、有数据的技术操作行为。研究问题的过程大致包括六个环节:提出问题——做出假设——制订计划——实施计划——得出结论——表达交流。因此,通常实验要包括以下几项内容:

①预设实验目的。明确每项实验要达到的目的,如验证某个规律、结论。
②确定实验环境。为了进行公正的实验,必须符合对实验环境的要求。
③进行实验操作。按要求步骤进行规范的实验操作。
④分析实验结果。对实验数据进行分析、归纳、总结。
⑤撰写实验报告。根据实验数据的分析、总结,给出实验报告。

对于大学生来说,实验是非常重要的动手能力培训环节,尤其是计算机技术类课程,计算机的硬件、软件设计都必须通过大量的实验操作,才能较好地掌握。

(3)外语课。对工科学生来说,外语是学习国外最新技术的一个重要工具。尤其是英美国家科技发达,最新技术的论文发表一般是英文文献,如果要等别人翻译过来才能看懂就存在一定的滞后。因此,当今高新技术领域的科技人员必须首先掌握英语。

英语的学习是一个长期的过程,不仅要背足够的词汇,还要坚持多听、多读、多说、多写。

①多听。寻找各种听英语的机会,如广播、电视、电影。熟悉英语的语感、音调、节奏、语境。

②多读。通过大量的阅读,提高阅读理解速度。可以朗读课本,可以默读各种文学读物和科技资料,可以经常到图书馆借阅英文杂志,翻看一些原版英文书。了解欧美文化知识,对阅读理解很有帮助。

③多说。语言必须经过反复的交流练习,才能达到熟练自如。必须寻找机会多说多练,如参加英语角活动,主动和外国人交流等。

④多写。写作是检验词汇量和语法的重要手段,如果没有时间每天写大块文章,可以每

天写一两句日记、随笔。只要坚持不懈,定有收获。

总而言之,学习要有自我约束力,要有定力。"春来不是读书天,夏日炎炎正好眠,秋来蚊虫冬又冷,背起书包待明年。"如果总找一些理由在学习上敷衍了事、偷工减料,这样下去,四年时光一晃而过,后悔晚矣。作为新时代的大学生,既要树立远大的理想,又要立足现实、发奋努力,才能在未来社会的竞争中立于不败之地,实现自己的理想。

2. 考研方向

很多同学临近毕业时在考研热的带动下匆忙报名考研,缺乏对报考专业的详细考察,缺乏对自身和专业结合度的思考,缺乏对考取专业后职业发展的规划。考什么专业能发挥自己的强项、能弥补专业上的劣势,这些都应该尽早思考、规划。

1)本专业直接对应的研究方向

目前全国高校本科汽车服务工程毕业生考研还没有直接对应的研究生专业,但是可以考相近的专业研究生。

2)其他研究方向

有些同学经过对各个专业的深入了解,想在考研时转换专业研究方向,即跨专业考研。自学能力是跨专业考研的必备素质,就是要有较强的自我规划学习能力。另外,转专业的方向最好遵守"就近原则",即寻找相近专业或相关学科方向,最好是同一门类下或同一基础理论下的不同分支,如车辆工程、交通运输中的载运工具运用工程专业等。总而言之,最好能够找到专业间的"交集"。

3. 招收研究生的高校

1)车辆工程专业

吉林大学、清华大学、同济大学、西南交通大学、上海交通大学、北京理工大学、中南大学、江苏大学、华中科技大学、合肥工业大学、南京航空航天大学、北京交通大学、北京航空航天大学、中国农业大学、武汉理工大学、西北工业大学、大连理工大学、浙江大学、南京理工大学、长安大学、兰州交通大学、燕山大学、东北大学等高校,各具特色,要认真分析。

2)载运工具运用工程专业

吉林大学、长安大学、同济大学、北京交通大学、长沙理工大学、重庆交通大学、武汉理工大学、西北工业大学、北京理工大学、东南大学、东北林业大学、山东理工大学、西南交通大学等高校,各具特色,要认真分析。

4. 应用型研究

近年来,我国经济社会的快速发展,迫切需要大批具有创新能力、创业能力和实践能力的高层次专门人才。为了适应国家和社会发展的需要,加大应用型人才培养的力度,我国的硕士研究生培养方式由原来的普通硕士教育和专业硕士教育改为"学术学位硕士"和"专业学位硕士"。这标志我国硕士研究生教育与国际接轨,从以培养学术型人才为主向以培养应用型人才为主转变,体现了对实践应用研究的重视。

1)学术学位硕士

学术学位硕士是学术型学位(academic degree)教育,注重学术研究能力的训练,以培养教学和科研人才为目标,授予学位的类型是学术型学位。目前,我国学术型学位按招生学科门类分为哲学、经济学、法学、教育学、文学、历史学、理学、工学、农学、医学、军事学、管理学等12大类,12大类下面再分为88个一级学科,88个一级学科下面再细分为300多个二级学科,同时还有招生单位自行设立的760多个二级学科。

2)专业学位硕士

专业学位(professional degree)是相对于学术学位而言的学位类型。专业学位硕士研究生与学术型研究生属同一层次的不同类型。根据国务院学位委员会的定位,其目的是培养具有扎实理论基础,并适应行业或职业实际工作需要的应用型高层次专门人才。我国自1991年开始实行专业学位教育制度以来,专业学位教育发展迅速,目前耳熟能详的工商管理硕士专业学位(MBA)、公共管理硕士专业学位(MPA)、工程硕士(ME)、法律硕士(JM)、会计硕士专业学位(MPACC)都是属于专业学位范畴。今后,我国的硕士研究生教育会更多地转向专业硕士学位。

三、汽车服务工程专业相关的技能证书

汽车服务工程是一门实用学科,它不仅有丰富的专业理论知识,还有熟练的专业技能能力。为此,应用型的本科生除了获得学历证书外,往往还需要获得证明自己技能的职业技能证书。职业技能证书由国家职业技能鉴定中心颁发。

职业技能证书分为两大类:一类是国家职业资格证书,另一类是专项职业技能证书,见表6-2。国家职业资格证书的式样如图6-1所示,专项职业技能证书的式样如图6-2所示。

证 书 类 型 表　　　　　　　　　表6-2

类　　别	证书名称	等　　级
国家职业资格证书	汽车维修工	初级、中级、高级、技师、高级技师
	汽车驾驶员	初级、中级、高级、技师
	二手车鉴定评估师	中级、高级
	汽车玻璃修理工	初级、中级、高级
	汽车营销师(试行)	初级、中级、高级、技师、高级技师
	汽车维修电工(试行)	初级、中级、高级、技师、高级技师
	汽车钣金工	初级、中级、高级
	汽车喷涂工	初级、中级、高级
	汽车装配工	初级、中级、高级
专项职业技能证书保险类	汽车综合检测与诊断师	无级别,五年内有效
	汽车音响改装师	
	汽车美容师	
	汽车估损师	
	发动机维修师	
	变速器维修师	
	底盘维修师	
	电子电气系统维修师	

续上表

类　　别	证书名称	等　　级
专项职业技能证书保险类	汽车碰撞修复师	无级别,五年内有效
	汽车配件营销师	
	汽车维修企业管理	
	保险经纪从业人员资格证	从业资格
	保险代理人员资格证	
	保险公估人员资格证	

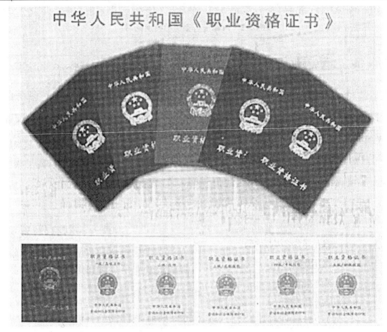

图 6-1　国家职业资格证书式样(共分五个等级,每个等级的封面颜色不同)

图 6-2　专项职业技能证书(汽车估损师)

1. 国家职业资格证书

国家职业资格证书是表明劳动者具有从事某一职业所必备的学识和技能的证明,是劳动者求职、任职、创业的资格凭证,是用人单位招聘、录用劳动者的主要依据,也是境外就业、对外劳务合作人员办理技能水平公证的有效证件。

属于国家职业分类大典上的职业(工种),通过国家职业技能鉴定,才能发放国家职业资格证书。国家职业资格证书均采用"考培分离"和"六统一",即"统一标准、统一教材、统一培训、统一考试、统一阅卷、统一认证"。

目前,与汽车服务工程相关的国家职业资格证书主要有汽车修理工、汽车驾驶员、二手车鉴定评估师、物流师、汽车营销师(试行)、汽车维修电工(试行)、汽车玻璃修理工、汽车配件销售员(试行)等。

国家职业资格共设五个等级,分别是初级(国家职业资格五级)、中级(国家职业资格四级)、高级(国家职业资格三级)、技师(国家职业资格二级)、高级技师(国家职业资格一级)。其中国家职业资格三级、二级和一级定为高级技工人才。技师相当于中级职称,即与工程师、讲师相当。高级技师相当于高级职称,即与高级工程师、副教授相当。

有的职业技术含量高,需要一定的专门技能与理论知识,为此设有五个等级;有的职业技能含量不高,动手能力强,为此只设二~四个职业等级。

1)汽车修理工

汽车修理工是指使用工具、夹具、量具、仪器仪表及检修设备进行汽车产品维护、修理和调试的人员。

汽车修理工技术含量高,为此共设五个等级,即初级(国家职业资格五级)、中级(国家职业资格四级)、高级(国家职业资格三级)、技师(国家职业资格二级)和高级技师(国家职业资格一级)。

汽车修理工实行国家统一职业技能鉴定,鉴定时间为每年的5月份和11月份。大部分汽车相关专业的大、中专学生参加汽车修理工的职业技能鉴定。

2)汽车驾驶员

汽车驾驶员是指驾驶汽车,从事客、货运输的人员。

汽车驾驶员共设四个等级,分别是初级(国家职业资格五级)、中级(国家职业资格四级)、高级(国家职业资格三级)和技师(国家职业资格二级),本职业未设置高级技师(国家职业资格一级)。

汽车驾驶员职业资格鉴定设置时间长、需求量大、考试规范,实行国家统一鉴定。

3)二手车鉴定评估师

二手车鉴定评估师是指从事二手车技术状况鉴定的人员。

二手车鉴定评估师共设二个等级,分别是二手车鉴定评估师(国家职业资格四级,即中级)和高级二手车鉴定评估师(国家职业资格三级,即高级)。

二手车鉴定评估师于1999年正式在国内开始职业资格鉴定,原名为旧机动车鉴定,目前主要由中国汽车协会与劳动部门共同进行本工种的职业技能鉴定。

4)汽车营销师

汽车营销师是指从事汽车市场调研、分析和竞争研究,为企业生产经营决策提供咨询,并可进行汽车产品营销策划、汽车营销市场策划、汽车产品市场宣传、汽车市场促销策划的专业人员。

汽车营销师是试行工种,部分省市试点,如北京市、江苏省、广东省等,未在全国全面开展。

汽车营销师共设四个等级,分别是国家职业资格四级(中级工)、三级(高级工)、二级(技师)、一级(高级技师)。

汽车营销是当前比较热门的行业之一,汽车营销师属于劳动力市场紧缺的复合技能型人才。汽车营销师除了要掌握常规的营销知识和销售技能之外,还要熟悉汽车构造、原理、性能、设计、故障诊断等方面的专业知识,能够针对特定品牌的汽车提供个性化、专一化的服务。

5)汽车玻璃修理工

汽车玻璃修理工是指使用专业工具和设备对汽车玻璃进行拆卸、更换、安装、修补及其他维修工作的人员。

汽车玻璃修理工的主要工作内容有:①根据汽车玻璃破损情况,判断汽车玻璃是否需要更换或修补;②根据车型、配件型号,判断所需更换的汽车玻璃类型,并制订操作方案;③使用气动、电动、手动等专业工具拆装汽车玻璃;④利用仪器、仪表对汽车玻璃相关的控制电路、电子元件进行检验、检测和修理调试,处理在安装玻璃过程中发生的各种电路和机械故障;⑤使用专业工具对汽车玻璃进行修补;⑥使用检测工具对更换的汽车玻璃进行密封性检测。

6)汽车维修电工

汽车维修电工是一个新职业,处于试行阶段,目前少数省市开展此职业的鉴定工作。

汽车维修电工原属于汽车修理工下面的一个工种,由于汽车电气和电子设备的不断增加,汽车修理工已难于包容汽车维修电工的职业功能。所以,汽车维修电工已被部分省市列为一个正式职业。

汽车维修电工是指使用仪器仪表及检测设备,进行汽车电气和电子设备的维护、检测、修理和调试的人员。

汽车维修电工的主要工作内容有:汽车电源系统、起动系统、点火系统、照明系统、信号系统、仪表系统、中控门锁、电动门窗、电动座椅、电动后视镜、空调系统、汽车音响、电子仪表、汽车线束、汽车GPS、汽车倒车雷达、汽车防盗系统、安全气囊(SRS)、控制器局域网、发动机电子控制系统、柴油机电子控制系统、自动变速器电子控制系统、ABS/ASR、ESP、电动转向控制系统、悬架电子控制系统等的检修与故障诊断。

汽车维修电工共设五个等级,即初级、中级、高级、技师和高级技师。

7)汽车钣金工

汽车钣金工是负责车辆钣金修理工作的技术工种,主要是对汽车金属外壳变形部分进行维修,属于冷加工。

2. 专项职业技能证书

所谓专项职业技能,是指一个可就业的最小技能单元,其适用范围小于"职业"。也就是说,你希望从事哪一个岗位的工作,就参加相应的专项职业技能培训。"可就业"是指社会上有一部分相对稳定的人员凭借此项技能就业谋生;"最小"是指它的适用范围小于"职业",

作为一项就业技能,它不可再拆分,不划分等级。专项职业技能具有一定的技术含量,掌握这项能力需要经过师傅的指导或相应的实操培训,但简单体力劳动不能作为专项职业技能。

专项职业技能证书是劳动者熟练掌握并应用某项实用职业技能的证明,表明证书持有人具备了从事某职业岗位所必需的基础工作能力,全国通用,有效期五年。专项职业技能考核工作在各级劳动保障部门的领导下,由所属职业技能鉴定中心组织实施。对专项职业技能考核合格者,由省、直辖市劳动保障部门免费颁发专项职业技能证书。

与汽车服务工程相关的专项职业技能有很多,目前由劳动部门鉴定考核的主要有汽车综合检测与诊断、汽车音响改装、汽车美容、汽车估损师、发动机维修师、变速器维修师、底盘系统维修师、电子电气系统维修师、汽车碰撞修复师、汽车配件营销师、汽车维修企业管理等专项。

其中发动机维修师、变速器维修师、底盘系统维修师、电子电气系统维修师等专项内容均被"汽车维修工"职业所包含,因此,参加这些专项考核的人员较少。

1)汽车综合检测与诊断专项职业技能

职业定义:运用先进的汽车检测诊断仪器设备,在汽车检测、维修场所,对汽车综合性能、疑难故障进行检测、诊断和分析,并能迅速排除故障的技能。

适用对象:运用或准备运用本项技能求职、就业的人员。

主要工作内容:①数据流的测试与分析;②波形测试与分析;③发动机系统疑难故障诊断排除;④自动变速器系统疑难故障诊断排除;⑤ABS 系统疑难故障诊断排除;⑥巡航系统疑难故障诊断排除;⑦防盗系统疑难故障诊断排除。

2)汽车音响改装专项职业技能

职业定义:运用汽车音响改装工具、音响设备,在汽车音响改装场所,提供对汽车音响系统的升级安装、改装、设计、调试以及保养服务的技能。

适用对象:运用或准备运用本项技能求职、就业的人员。

主要工作内容:①音响拆装;②音响改装;③音响调试。

3)汽车美容师专项职业技能

职业定义:运用汽车美容工具设备,在汽车美容场所,对汽车车身漆面、汽车内外饰件表面、汽车发动机及底盘外表面进行清洁、养护、装饰及漆面局部损伤处理的技能。

适用对象:运用或准备运用本项技能求职、就业的人员。

主要工作内容:①汽车清洁;②汽车护理;③汽车饰件安装。

4)汽车估损师专项职业技能

车辆出险后,保险公司、4S 店与车主对车子定损及赔偿金额无法达成统一意见时,需要有一个独立的第三方机构来对车辆定损。汽车估损师主要是对汽车碰撞进行分析及估损。目前,该领域中的职业资格称为"汽车碰撞估损师",为国家劳动和社会保障部认定的汽车维修专项技能认证体系中的一个职业。

职业定义:根据汽车构造原理,通过科学、系统的专业化检查、测试与勘测手段,对汽车碰撞事故现场进行综合分析,运用车辆估损资料与维修数据,对车辆碰撞修复进行科学系统的估损定价的专业技术人员。

就业导向:保险公司、第三方专业评估机构(保险公估行)从事汽车定损理赔,汽车维修厂、4S 店内从事事故车接待与修复。

附录一 汽车商标

一、世界汽车商标

阿尔法罗米欧	奥迪	宝马	保时捷	奔驰
本田	标致	别克	宾利	大发
大众	道奇	法拉利	菲亚特	丰田
福特	悍马	捷豹	凯迪拉克	克莱斯勒
兰博基尼	劳斯莱斯	雷克萨斯	雷诺	路特斯
林肯	铃木	路虎	马自达	玛莎拉蒂
迈巴赫	MINI	讴歌	欧宝	起亚

附录一 汽车商标

日产　　　萨博　　　三菱　　　世爵　　　双龙汽车

斯巴鲁　　斯柯达　　沃尔沃　　西雅特　　现代

雪佛兰　　雪铁龙　　英菲尼迪　　GMC　　迈凯伦

二、中国汽车商标

北京汽车　　一汽奔腾　　比亚迪　　昌河汽车　　长安汽车

东风汽车　　风行汽车　　浙江飞碟　　福田汽车　　广汽集团

曙光汽车　　吉奥汽车　　江淮汽车　　华晨金杯　　重庆力帆

华晨中华　　中兴汽车　　四川汽车　　开瑞汽车　　福迪汽车

长城汽车　　长丰汽车　　一汽吉林　　东南汽车　　吉利汽车

哈飞汽车　　海马汽车　　一汽红旗　　华普汽车　　华泰汽车

陆风汽车	上海汽车	奇瑞汽车	双环汽车	天津一汽
东风风神	上海英伦	帝豪	全球鹰	荣威汽车
MG名爵	威麟汽车	瑞麟汽车		

附录二 汽车报废标准

机动车使用年限及行驶里程参考值汇总表

车辆类型与用途				使用年限（年）	行驶里程参考值（万千米）
汽车	载客	营运	出租客运 小、微型	8	60
			出租客运 中型	10	50
			出租客运 大型	12	60
			租赁	15	60
			教练 小型	10	50
			教练 中型	12	50
			教练 大型	15	60
			公交客运	13	40
			其他 小、微型	10	60
			其他 中型	15	50
			其他 大型	15	80
			专用校车	15	40
		非营运	小、微型客车、大型轿车	无	60
			中型客车	20	50
			大型客车	20	60
	载货		微型	12	50
			中、轻型	15	60
			重型	15	70
			危险品运输	10	40
			三轮汽车、装用单缸发动机的低速货车	9	无
			装用多缸发动机的低速货车	12	30
	专项作业		有载货功能	15	50
			无载货功能	30	50
挂车			半挂车 集装箱	20	无
			半挂车 危险品运输	10	无
			半挂车 其他	15	无
			全挂车	10	无
摩托车			正三轮	12	10
			其他	13	12

参 考 文 献

[1] 王林超.汽车构造[M].北京:中国水利水电出版社,2010.
[2] 赵长利.汽车保险[M].北京:中国水利水电出版社,2010.
[3] 鲁植雄.汽车服务工程[M].北京:北京大学出版社,2010.
[4] 陈毅静.测控技术与仪器专业导论[M].北京:北京大学出版社,2010.
[5] 鲁植雄.车辆工程专业导论[M].北京:机械工业出版社,2013.
[6] 刘仲国,何效平.汽车服务工程[M].北京:人民交通出版社,2004.
[7] 杨金兰.汽车服务工程[M].北京:人民交通出版社,2007.
[8] 王永盛.车险理赔勘查与定损[M].北京:机械工业出版社,2006.
[9] 姜正根.二手车鉴定评估实用技术[M].北京:中国劳动社会保障出版社,2007.
[10] 栾志强,张红.汽车营销实务[M].北京:清华大学出版社,2005.
[11] 周燕.汽车美容与装饰[M].2版.北京:机械工业出版社,2008.